JUTRA SA LEUTARA

JUTRA SA LEUTARA
misli o čoveku

Jovan Dučić

Globland Books

SADRŽAJ

O MIRNOĆI 9

O MRŽNJI 17

O PLESU 24

O LJUBOMORI 31

O SUJETI 44

O STRAHU 51

O RAZOČARANJU 60

O RODOLJUBLJU 67

O KARAKTERU 79

O ULJUDNOSTI 100

BELEŠKA O PISCU I DELU 109

Veliki breg Leutar koji se diže iznad mog rodnog grada Trebinja, kao modro platno između neba i zemlje, nosi ilirsko ili grčko ime po reči „elefterija", što znači sloboda. Sa ovog se brega vidi na vedrom danu, preko mora koje je u blizini, obala Italije. Taj veliki vidokrug nije bio bez uticaja na moj zavičaj i njegove ljude.

Jovan Dučić

O MIRNOĆI

Najveći problem čovekov, to je spokojstvo u životu. Spokojstvo je stoga jedino što je on večito tražio, i jedino što nikad nije našao. Sve velike vere i filozofije išle su za tim da čoveku najpre uliju u dušu spokojstvo. Drugim bićima je dovoljno da imaju hranu i prebivanje pa da budu spokojna, i čak radosna, a jedino čovek može postići i sva bogatstva i sve blagodeti, pa da ipak ostane nespokojan. Ništa čoveka nije na svetu potpuno zadovoljilo kako bi ga zatim i uspokojilo: vere i filozofije su donele ponekad utehu i ohrabrenja, ali nikad spokojstvo i mirnoću.

Za antičke Grke, mir je čovekov bio moguć u jednom od ova dva principa: u apatiji, a to znači u odsustvu uzbuđenja; ili u ataraksiji, a to znači u odsustvu svake strasti. Uopšte, mirnoća za starinski grčki svet bila je vrhunac ne samo filozofske sebičnosti nego i vrhunac umetničke lepote: mirnoća u lepoti i lepota u mirnoći. Ništa nije bilo lepo što nije pre svega bilo i mirno. Samo je istinski duboko ono što je apsolutno umireno: duboke vode su mirne, i duboke šume su spokojne, ali ni duboka misao se ne može zamisliti drukčije nego mirnom. Slavni francuski kip Rodenov, nazvan *Mislilac*, ne bi antičkim Grcima izgledao odista misliocem već zato što je rađen u onakvom stavu gladijatora. Kad čovek misli, njegovo je telo sve labavije i klonulije ukoliko više misli; a čovek duboko zamišljen ima izgled da se sav spiritualizira, i da uopšte prestaje biti materijom. Čak i veliki bol nije Grcima izgledao dovoljno veliki, ako se video na licu paćenika. Aristotel je predlagao jednom vajaru da svog ranjenog heroja Menetija naslika kao da spava, a ne kao da pati od svoje rane. Drugom prilikom su Atinjani vratili sa Akropolja jedan sličan kip zato što je ranjenik pokazivao na licu telesni bol, koji su stari Grci uvek smatrali ružnim a ne veličanstvenim. Nemir se smatrao čak neprijateljem umetničkog stvaranja. Sve se veliko začelo u spokojstvu i u tišini: grčka arhitektura, grčka skulptura, i grčka filozofija. Spokojstvo, dakle, znači sinonim apsolutne lepote.

I smrt je trebalo sakriti kao kakvu ružnu stvar. Grčki genije nije prestajao da traži sve oblike spokojstva, koje je zatim smatrao božanstvenim. Nije bilo nijednog mudraca koji nije govorio kako spokojstvo i mudrost znače jedno isto. Uzrujanost i srdžbu, naprotiv, smatrali su ludilom. Atinski govornici na Pniksu bili su za vreme govora okrenuti moru, da bi im mirnoća prostora i pučine inspirisala spokojstvo u razmišljanju. I svoje ruke su atinski govornici morali držati ispod toge, kako ne bi pravili pokrete i time uzrujavali i sami sebe. Jedna statua na Salamini pokazivala je nekad i Solona u takvom mirnom stavu. I danas vidimo u Lateranu jedan kip Sofokla, atinskog pesnika, takođe s rukom ispod toge, što odista njegovu veličanstvenost samo upotpunjuje.

Srednji vek je govorio da će čovek svoje spokojstvo koje je izgubio još pre svog rođenja, naći opet samo u veri i u molitvi. I hrišćanstvo je bilo religija mirnoće, jer je bilo, u osnovi, religija samoodricanja. Svet je smatran trenutnom obmanom, posle koje će tek doći večni mir i nebesko spokojstvo. Ljudi su tako išli za verom koja odriče život kao uniževajuće iskušenje, a išli su za njom ne zbog njene komplikovane dogme, koju običnom pameću niko nije umeo dovoljno da razume, nego pre svega zbog ideje o spokojstvu kroz čovekovo samovoljno odricanje od svih dobara na ovom svetu. Crkva je učila da treba primati sve udarce sudbine kao zaslužene i Bogom poslane, i da treba okrenuti i drugi obraz, ako nas je neprijatelj već po jednom udario. Opraštati svakom osim sebi, bilo je bitno hrišćansko učenje o tome kako se dobija nebeska milost, što znači kako se postiže spokojstvo na svetu. Svi su filozofi verovali da filozofija daje mir, i da biti mudracem znači biti srećnim, pošto je mudrac jedini koji poznaje veličinu samoodricanja. Čak i Monteskje negde kaže kako gospođa Di Šatle nije htela spavati kako bi naučila filozofiju, a on joj je rekao da, naprotiv, treba naučiti filozofiju da bi naučila spavati. Odista, samo su uzbuđenje i strast dva neprijatelja čovekovog života, jer oni život zagorče i skrate. Zato sva sreća leži u ravnoteži između strasti i apatije. Imperator Marko Aurelije je savetovao da treba biti u harmoniji sa svemirom, ne znajući da će jednom docnije astronomi odista i računski dokazivati koliko harmonija i svemir znače jedno isto, i da će zakon Njutnov o gravitaciji predstavljati i jednu formu ljudske misli.

Čovek razdražen i ljut, jeste stvarno lud i glup; jer strast zaluđuje i zaglupljuje, oduzimajući čoveku moć humanosti i moć spokojnog razmišljanja. Samo čovek miran, izgleda uvek gospodarem i sebe i drugih, dostojanstven i ponosit. Čovek gospodin mora pre svega biti miran. Ima jedna mirnoća gospodina koja je blistavija i od najlepših reči. Ako čovek pun temperamenta donosi često ljudima puno radosti, ipak samo čovek spokojan donosi mir. Francuz može da vas zamori duhovitošću, ali vas nikad Englez ne zamori svojom mirnoćom ni kratkim rečenicama, rečenicama u kojima često nema ničeg osobitog, i to sasvim namerno: da bi one bile podnošljive, zato što bi pre svega bile neuzbudljive. Ljubaznost Engleza i nije nikad u rečima nego u njegovom celom odnosu i držanju, što je kod Francuza ili Talijana, koji su blistavi i izdašni u rečima, često sasvim protivno. Monteskje je pravo rekao da Englez nije nikad dovoljno učtiv, ali da nije nikad neučtiv.

Spokojstvo daje uzvišen izgled i ljudima i stvarima. Kako je izgledala veličanstvena smrt Geteova kada je u momentu u kome je osetio da mu se primiče velika senka smrti, zatražio samo malo više svetlosti. Takva je bila uzvišena i smrt Šilerova. Kada je pesnikova prijateljica, gospođa Volcogen, zapitala ovog pesnika u takvom istom momentu, kako se oseća, Šiler je odgovorio: „Sve mirnije". Čovek je nespokojan samo kad je u društvu drugog čoveka, naročito kad je u društvu više ljudi zajedno, a skoro nikad kad je sâm. Miran razgovor je jedino moguć udvoje. Ako u razgovoru učestvuje više njih, onda ne samo da je razgovor obično nespokojan i strastven, nego i neiskren i izveštačen, čak i među ljudima koji su inače među sobom najiskreniji. Svagda u našem životu ima neko treći koji smeta našem spokojstvu, kao što treći smeta u braku. Za miran život treba što manje ljudi i što manje reči. Stvarno, reči sve iskvare, i izvitopere, i upropaste, i profanišu. Neki ruski pisac je rekao: „Izrečena reč je laž". Razmislite, odista, pa ćete se setiti kako ste često bili gotovi da s nekim dođete do sporazuma, ili čak i do prijateljstva, da nisu najednom pale neke reči, i da nije izbilo neko treće lice. Uopšte, sve što se utroje govori, taj govor ne prestaje da stoji u vezi najpre sa onim trećim: da se zadobije njegovo mišljenje, da bude po njegovom ukusu, da bude na strani kojeg od one dvojice koji diskutuju. On je tu da sudi, odmeri, presudi. Ovaj Treći, to je Svet; to je Načelo i Pravilo, Razlog i Moral. Zbog njega, verovatno, često razgovor postaje blistavijim, ali i plašljivijim, a stoga i lažnijim. Još ako je ta treća ličnost slučajno neka lepa žena! Ljubav je, po pravilu, jedno osećanje zloće, sujete i egoizma; ljubav je strast, a u strasti je čovek uvek zao, ako nije čak i glup i lud. Prema svemu tome, nepostižno je spokojstvo drukčije osim samo udvoje.

Kada filozof Platon kaže da samo ljubav donosi mirnoću, onda reč ljubav treba ovde razumeti u kosmičkom smislu, jer se reč ljubav u ovom slučaju tiče mirnoće elemenata u svemiru, a ne spokojstva u sujetnom i sebičnom čovekovom duhu. Svakako, čovekova ljubav za ženu jeste najmanje u stanju da dadne mirnoću koju čovek traži za svoje stvaranje. Žena je vatra koja obasja ali i sagori. Nema perfidnije kombinacije nego što je jedna ljubavna intriga, niti ima razornijih priviđenja nego što su ljubavna strahovanja. Zato su najviši ljudi bili u ljubavima najnesrećniji. Antički ljudi su bili, izvesno, ljubavnici koliko i mi sami, ali s više mirnoće, pošto su voleli ređe i zato dublje. Danas Amerikanci isključuju podjednako sentimentalnost i senzualnost, i predstavljaju zato najmirnije ljude.

Sve su dubine u prirodi mirne, a tako su isto mirne i sve duboke stvari u čoveku: uverenja, vera, herojstvo. Antička ljubav je bila mirna jer je bila zdrava, a bila je zdrava zato što je uglavnom bila fizička. Jedino je civilizacijom i razmišljanjem čovek komplikovao sva svoja osećanja pa i ljubav. Spokojstvo antičkih ljubavi vidi se najbolje po pustolovinama njihovih bogova, u kojima nema ničeg preteranog, ni mračnog, ni paćeničkog. Grci su kroz svoju materijalističku religiju, koja je predstavljala harmoniju elemenata, uspeli da unesu mirnoću čak i u ljubav. Međutim, moderno društvo je u ljubav unelo sujetu, što znači ne princip mira nego princip rasula. Nekad je u ljubav unošena lepota, a zatim vera, dok je danas u ljubav, uglavnom, unesena sujeta, znači jedna strast najteže ukrotljiva od sviju strasti.

Da je ljudstvo rođeno neuravnoteženim i ludim, to se vidi kod čoveka u nagloj srdžbi i u brzom očajanju, a kod žene u fizičkom neotpornom moralu. Naročito su u stanju ludila velike gomile. Zbog ovoga je lakše zavesti i prevariti ceo jedan narod nego prevariti jednog mudrog čoveka. U zadnje vreme je izbačena reč psihoza, kojom se objašnjavaju sve obesti mase. Čovek se mora odista izdvojiti iz gomile da bi mogao normalno misliti. Gomile poruše spomenike kojim su se i same do juče klanjale, i gradove koje su same s teškom mukom izgrađivale. Gomila je neverna i apsurdna. Kad su bolovali tirani Klaudije i Kaligula, rimski narod je zbog toga padao u takav bol, da je zapretio kako će masakrirati Senat, verujući da je posredi neka zavera protiv Cezara. Kad se rodio francuski dofen, gomila pariska je provodila dane i noći pod prozorima dvora, kličući Luju XVI, izbezumljena od radosti, makar što će docnije ta ista gomila s mržnjom ispratiti ovog nesrećnog kralja na giljotinu. Čovek se toliko menja prema momentima i slučajevima, da nije uvek ni pouzdano pametan, ni postojano glup ili lud. Jedan isti se čovek zbog toga klati iz krajnosti u krajnost, kada to ni sâm često ne primećuje.

Spomenuti cezar Klaudije je u Galiji zabranjivao prinošenje ljudi na žrtvu bogovima, a u Rimu je sâm naređivao da se ubija i gladijator koji se sasvim slučajno okliznuo i pao na areni.

Tako se često događa i da nam jučerašnji prijatelj postane sutra najvećim neprijateljem, kao što se događa i obratno. Čovek uvek ide tako većma za svojom nesigurnom prirodom, nego za jednim sigurnim razlogom. Čovek se svaki dan za ponešto kaje što je učinio, što najčešće znači da je čovek u izvesnom momentu bio nesposoban da potpuno savlada urođeno ludilo, i uradi ono što je najmanje želeo da uradi. Svakako, zdravi su samo ljudi koji su bez strasti, a takvih je najređe. Zato ljudi najčešće naprave ono što su najviše izbegavali, i izgovore ono što su najviše želeli da prećute. Stoga ne hvatajte ljude u pogreškama, praštajte uvrede, i ne pamtite reči. Od stotinu stvari koje čovek uradi, on ih je najviše uradio u ludilu, ili u bunilu, ili bar slučajno, ali svakako najmanje promišljeno.

Često sam govorio sâm sebi: „Od onog što sam maločas izrekao, ne bi li bolje bilo da sam prećutao bar polovinu? A od onog što sam sada smislio da kažem, ne bi li bolje bilo da ništa od toga svega uopšte ne kažem, ili čak da izgovorim nešto sasvim protivno?" Na ovaj način je ovakvo kušanje samog sebe često i mene izvelo na pravi put, pošto čovek ide za strastima, koje su uvek budne, i navikama, koje su mehanički uvek aktivne, više nego za razumom. Glavno je u svom životu i svojim rečima pronaći neki tajanstveni konac koji vodi po zamršenim putevima naših strasti i navika; jer čovek pogreši baš u traženju samog pravca, više nego što pogreši i u samim detaljima. Operišite sa kontrastima, i uvek ćete pogoditi put. Glavna je stvar *grosso modo*, desno ili levo, belo ili crno. Stoga nije ni pitanje zašto je Aleksandar u Persiji ili u Indiji uradio ovu ili onu stvar, nego je glavno da li mu je uopšte trebalo ići u Aziju, mesto da je pokušao ujediniti Evropu, i civilizirati je u blagorodnom grčkom duhu.

Prema tome, pošto čovek ili najčešće uradi ili najčešće kaže sasvim protivno od onog što je sâm želeo, znači da je čovek po instinktu lud, i da su većina njegovih sreća ili nesreća slučajne. Zbog ovog ni najdublje religiozni ljudi nisu uspeli da budu dobri koliko su to želeli. Prvi hrišćanski imperatori nisu bili bolji od paganskih. Konstantin nije bio bolji nego Tit, ni Teodosije bolji nego Marko Aurelije. Naprotiv. A da je čovek veliki deo života u stanju ludila, dokazuje i to što nema čovekove zloće koja nije pomešana s dobrotom, niti ima čovekove dobrote u kojoj nema i zloće. Religija jedina umerava čovekovo ludilo; jer i zlo i dobro su bili u prirodi pre nego što su bili u religiji.

Makar što je čovek uvek čeznuo za spokojstvom koliko i za svetlošću i vazduhom, ipak je on sâm radio najviše protiv njega. Sve čovekove mane idu za tim da čoveka obespokoje, a najviše njegov neobuzdani jezik. Odavno je rečeno da iskrenost ne znači reći sve što čovek misli, nego ne reći nikad ono što ne misli; a čak su najopasniji ljudi koji kažu sve što im je na srcu i na pameti — što na umu to na drumu. Jer oni ne govore istinu ili zabludu zato što su iskreni, nego zato što su slabi, i što ne vladaju sobom. Mnogi ljudi ne smeju da sa svojom istinom ostanu nasamo, kao što dete ne sme da ostane u praznoj sobi. Ima često i više plemenitosti da neke istine prećutimo nego da ih otvoreno kažemo; a mnoge vam istine ljudi kažu ne iz dobrote da bi vam koristili nego iz cinizma da bi vas unizili.

Uljudnost je jedan način da se izbegnu potresi i nespokojstva. Trebalo je mnogo vekova dok su ljudi izmislili reč uljudnost. Istina, uglađenost izgleda prostim ljudima hipokrizija, a verovatno da često ima tu i dosta tačnog, pošto čovek mora pokazivati da mnoge stvari ne vidi, da bi preko njih prešao. Izvesno, u uglađenosti ima puno i umetnosti, što znači puno finoće i dobrote. Zato je čovekoljubivi karakter uljudnosti bio cenjen kroz sva vremena. Najkulturniji narodi su uvek bili i najuljudniji. Učtivost Kineza i Persijanaca bila je njihova najviša rasna odlika, a oni su sami stavljali uljudnost i iznad dobrote. U Veneciji sedamnaestog veka, kad su anonimna pisma bila dovoljna da nekog otpreme u smrt, neprestano su bila u dejstvu dva poznata Društva za uljudnost. Samo u društvu učtivog čoveka, može čovek naći spokojstvo. Narod bez osećanja uljudnosti, a takvih ima i među najvećim, to nije narod nego gomila. Znači da se po uljudnosti najbolje razlikuje društvo od rulje. Samo je gospodin u stanju da vam kaže pohvale u lice, a samo prostak misli da je sebe obezoružao ako je o drugome kazao prijatnu reč. Gospodin je navikao da lako dadne slatku reč, kao što lako ispusti zlatnu paru, a fukara sve plaća u marjašima, i uvek misli da je sve preplatio.

O MRŽNJI

Čovek ne mrzi drugog čoveka nego samo ako ga se boji, i zato mržnja i strah idu naporedo. Ako se čovek, naprotiv, ne boji svog protivnika, onda ga i ne mrzi, nego ga prezire. Stoga su ljudi koji puno mrze uopšte strašljivci, i imaju žensku ćud i osetljivost; a drugi, sasvim protivno, imaju osobine muževne i ponosne. Prvi su u stalnom uznemirenju, jer se osećaju slabijim od svoje opasnosti, a drugi su neuzbudljivi, jer se osećaju nedomašnim.

Zato bi kakvo gospodstveno vaspitanje čovekovo predviđalo najpre život bez mržnje, a to znači život bez straha. Mržnja je sama po sebi osećanje nisko i ružno, zato čovek ponosit ne može da nosi mržnju, kao što ne bi nosio na leđima džak đubreta. Mržnja zaslepljuje i najpametnijeg, tako da ovaj obnevidi za sve vrline koje bi mogao imati njegov protivnik; a ovo znači uniženje koliko za srce toliko i za razum onog koji mrzi. Smatrajući opasnim i najbezazlenijeg, on smatra najgorim i najnevinijeg. Mržnja tako izopači i najširi um, poremeti i najbolje obrazovanje, i iskvari i najčistije srce, da unese nered u celu čovekovu prirodu. Zbog ovog mržnja napravi nekog nemogućim u društvu, a nesnosnim čak i u njegovoj sopstvenoj kući. Mržnja, dakle, najpre pogađa onog koji je nosi.

Ima strašljivaca koji u mržnji prema nekom čoveku omrznu i njegovu porodicu, i njegov narod, i njegov grad, i njegovu zemlju, i njegovog psa pred kućom. A kako mržnja raste ukoliko više raste strah iz kojeg je ponikla, čovek najzad počne da živi u borbi s priviđenjima. Što je čovek silniji po svom društvenom položaju, njegove mržnje bivaju sve mnogobrojnije, a za drugi svet sve opasnije. Kako uplašen čovek veruje da je sâm sebi nedovoljan, on u strahu i mržnji počini prestupe ili zločine koje inače nikad ne bi počinio da nije mrzeo. Koji čovek nije osetio strah pred ljudima, nije imao ni strah pred životom. Mrzeti, to, dakle, znači osamiti se, i isključiti iz svega, i odvojiti od svačeg opšteg.

Jevreji su bili narod koji je u svojoj istoriji najviše isticao obest svoje mržnje. U *Starom zavetu* ima najsvirepijih primera mržnje za čoveka. Naređuje se vojsci da pređe protivničku granicu i onamo pobije sve ljude, žene, decu, i životinje, i da poseče sva stabla, popali svu žetvu, otruje sve bunare. Po naredbi samog Mojsija, poklano je celo ljudstvo u Hananu. I u sinagogi, za vreme Hristovo, više se podizala graja i svađa nego što se negovala molitva i propoved. I sâm Hristos je proklinjao Jerusalim, i proricao da u njemu neće najzad ostati ni kamen na kamenu. Isterivao je ljude iz hrama Davidovog i tukao trgovce.

Ima i drugih rasa, čak i najvećih, koje su postajale čovekomrscima, a uvek zato što su bile sklone panici. Italijan je najbolji čovek na svetu dok ne poveruje da mu je neko opasan neprijatelj; ali od trenutka kad poveruje u takvu opasnost, Talijan ne bira sredstva da upropasti onoga koga se plaši. Pošto je Talijan i po prirodi strašljiv, njegova je politika dobrim delom sazdana od mržnje. Takav je bio i u antičko doba. U starom Rimu, i kad je bio najprosvećeniji, mučeni su ljudi kao u kakvoj azijskoj pokrajini koja je bila najnekulturnija. Najhrabriji i najplemenitiji strani vladari dovođeni su u Rim vezani za kola njihovih trijumfatora, bacani u strašne tamnice kao što je bila jeziva tamnica Mamertino koja se i danas vidi, i onamo stavljani na paklene muke. Nekoliko cezara su ostali primerima mržnje i krvološtva. Neron je pravio iluminaciju na bregu u Vatikanu, spaljujući tela hrišćana, kojom je prilikom poginuo i apostol Petar, raspet naopačke, kao što je i apostol Pavle prosečen mačem, kao zločinac. I u bednim i nemoćnim hrišćanima gledao je silni imperator svoje glavne neprijatelje. Uostalom, Rim je oduvek bio najpre grad mučenika, a tek zatim grad heroja i svetaca. I docniji Latini su bili ovima slični. Španci su osvajajući Ameriku, iskorenjivali čitave urođeničke narode; a Francuzi su pravili Vartolomejske noći, masakrirali Jevreje, i to po zapovesti samog Luja Svetog, i po naredbi Kralja Sunca. Patareni su iskorenjivani po zapovesti samog svetog Dominika.

Ima među ljudima i mržnja koje su rasne, kao što su mržnje rasne kod izvesnih životinja. U zoološkom vrtu, ako otvorite dva kaveza, izići će životinje koje će jedna drugu rastrgnuti; ali ako otvorite neka druga dva kaveza, životinje koje iziđu iz njih pritrčaće jedna drugoj da se igraju kao deca. Ovakvi instinkti urođene nesnošljivosti ili ljubavi žive i među ljudima, ako ne raznih rasa, a ono nekih raznih unutrašnjih konstrukcija. Među ovima, nikakav sporazum i dodir, protivan rasnim instinktima, nije moguć u životu. Ovakve mržnje, stvar tamnih impulsija, postoje čak i među ljudima jednog istog naroda. Možda se pitanja mržnje ipak svode, bar uglavnom, na našu glavnu tezu: da je mržnja u svojoj bitnosti proizvod straha slabog prema jakom.

Bilo je velikih ljudi koji uopšte nisu znali da mrze, ali to su bili heroji: Julije Cezar, Aleksandar Veliki, Napoleon. I ovaj slučaj potvrđuje mišljenje da mržnja nije osećanje hrabrih nego plašljivih. Julije Cezar je manje mrzeo Cicerona nego što je Ciceron mrzeo njega. Rimski diktator, istina, potcenjuje Cicerona u svom opisivanju rata u Galiji kao svog komandanta, makar što je Ciceron sa pet hiljada vojnika u toj istoj Galiji nekad branio mesec dana jedan položaj od neprijatelja deset puta mnogobrojnijeg. Cezar je očevidno prezirao kod Cicerona izvesne loše odlike lične, ali ga nije mrzeo. Aleksandar, kriv za ubistvo svog druga Klita, imao je opravdanje da je to uradio što je zločin izvršio samo u pijanstvu. Napoleon nije progonio po zasluzi ni najgore svoje neprijatelje. Za pogibiju vojvode Angijenskog krivio je Napoleon sebe samog, makar što se dobro zna da mu je taj zločin podmetnuo Talejran.

Narodi raspaljive mašte su u njihovim mržnjama bili najsvirepiji, pošto gde je puno mašte ima odveć malo razuma. Žalosno je i pomisliti da su baš dve najpobožnije evropske zemlje, Španija i Italija, uzele bile inkviziciju za jedno moralno i pravno sredstvo. Nemci su imali anabaptističke ratove takođe svirepe i krvoločne. Nemci će biti uvek svirepi zbog romantizma koji je u književnosti najveća odlika, ali u politici najveća mana njihovog karaktera. U politici je romantizam opasno osećanje, i vodi rasulu kad se unese u državni život. Renan je zato govorio da je nesreća vaspitati jednog vladara u osećanju romantizma. Kao dokaz, Renan spominje kako je još stari Svetonije, biograf Neronov pripisivao zločine svog vladara, koji je imao i dobrih svojstava, njegovoj usijanoj mašti. Kaže da je mašta, i pored brižljive nastave Neronovog učitelja, filozofa Seneke, bila iskvarila duh ovog vladara toliko da je Neron posle tražio i u najstrašnijim zločinima svoje najveće književne senzacije.

Mržnja, kao osećanje podsvesno i nesvesno, izazvano strahom, koji je najčešće zabluda, uvek je i osećanje glupo. Međutim, ni sami filozofi se nisu mogli oteti mržnjama, pošto je i njihovo osećanje straha često bilo jače nego i svetlost njihovog uma. Sofisti su odveli Sokrata na gubilište. Strašan je takođe primer mržnje Volterove prema Rusou. Nisu od mržnje bili isključeni čak ni neki najhrabriji među ljudima. Španski car Karlo V i francuski kralj Fransoa I bili su obojica pravi srednjovekovni vitezovi, ali to nije smetalo njihovoj otrovnoj međusobnoj mržnji. Uopšte, teško se odbraniti da ponekog ne mrzimo, i onda kad nam se čini da se nikog na svetu ne bojimo. U svima nama postoji nekakvo mračno uverenje da je ipak neko od naših poznanika potajno naš neprijatelj, i da neko uvek prikriveno radi na našoj propasti, ili bar da postoji neko ko bi se iskreno i od sveg srca radovao našoj nesreći.

U svakom slučaju, zbrka dvaju osećanja mržnje i preziranja, znači straha i prkosa, izvor je i antagonizma u kojem žive čitavi narodi, i u kojem se prave čitave istorije. I stari Grci su uvek bili više kavgadžije nego megdandžije; a i stari Latini, kao i novi, više su voleli spletku nego otvorenu borbu. Nikada jedna civilizacija nije bila dovoljna da ljude potpuno oblagorodi. Ovo je bila u stanju da učini jedino religija. Nigde se mržnje ne razvijaju koliko baš na kakvom narodnom zboru, zauzetom uopšte ozbiljnim i sasvim opštim brigama. Svaki je parlament poprište ne samo najbesomučnijih sujeta nego i najrazuzdanijih mržnji. Stari Grci nisu zbog toga držali svoje skupštine drukčije nego pod otvorenim nebom i pred širokim morem, kao što je i sud Areopag održavan na jednom manjem bregu, u podnožju Akropolja, imajući pred sobom horizont atinski. Ovakvi svetli vidici trebalo je da atinskim besednicima ukrote urođene ljudske potrebe da uvek od nekog strahuju, i da uvek nekog mrze. U svakoj ljudskoj skupštini se već prvog trenutka jasno ocrtavaju sve razlike među ljudima koji je sačinjavaju. Poslanik koji je profesor po zanatu, uvek nalazi druge ljude za nedovoljno školovane i za neznalice; sveštenik, za nedovoljno pobožne i nedovoljno čovekoljubive; oficir, uvek postavlja i jedan problem savesti kao kakvu parnicu u kojoj je glavno da jedna stranka dobija a druga izgubi; i najzad, političar po karijeri, obrće svako pitanje na mogućnost koncesije i kompromisa. Postoji danas nauka o psihologiji rasa nemačkog naučnika Vunta, kao i o psihologiji klasa talijanskog psihologa Nisefora; ali ljudi su podeljeni i na mnogo više grupa nego što su ove rase i klase. Oni se dele na nacije, na plemena, na vere, na staleže, na zanate, na navike, na vaspitanja, na obrazovanja. Zbog ovolikih raznolikosti i neminovno izbijaju mržnje i nesporazumi koje je zatim nemoguće suzbiti. Ljudi mrze ne samo onog koji je od njih bolji ili gori, nego još više onog koji je od njih drukčiji; što znači da mržnji nema kraja. Drukčiji čovek, uvek znači zagonetan, dvosmislen, i, prema tome, podmukao i opasan. Drukčiji od drugih ljudi može biti i čovek po boji kože, kose, očiju, stasa, obima, ali sve ovo ukupno malo znači. Pravi „drukčiji čovek" može biti različan od opšteg tipa pre svega po obrazovanju, a naročito po vaspitanju, što znači po navikama i ukusima. A ovo je zatim pravi antipod. Pogledajte koje ste ljude u svom životu mrzeli, i vi ćete videti da nikog niste mrzeli zbog njegovih vrlina ili njegovih mana, nego najviše zato što je bio drukčije izgrađen negoli vi ili vaši najbliži. Ako ovde nije mržnja ponikla direktno iz nečijeg straha pred jačim, ona je ponikla pravo iz neizvesnosti o nečijim sklonostima, i iz nerazgovetnosti nečije prirode, a to je uvek izvesna nesigurnost koja može da postane i strahom. Zato ponovo tvrdimo da mržnja potiče pre svega iz straha.

Zato treba prijateljovati najpre sa starim drugovima koji su uvek jasni. Tako se treba i ženiti iz svog grada ili čak i iz svoje ulice, jer čovek smatra dobrom ženom najpre onu koja mu je pre svega razumljiva. A treba birati i vladara koji nije ni puno bolji ni puno gori nego njegov narod. Najopasnije je i za svakog od nas biti nerazgovetnim za druge ljude, i tako izgledati podozrivim. Naročito ovo vredi za javne ljude. Narodi nikad nisu cenili one koji ih prevazilaze. Najveći vladari su najviše zla počinili svojim sopstvenim narodima, više nego i tuđim; i, odista, za njihovu veličinu su sami njihovi narodi prvi platili svojim najskupljim gubicima krvi ili zlata. Zato su uvek cenjeni najplemenitiji a ne najsilniji ljudi. Posle Luja XIV, Francuska je bila finansijski bankrot, a posle Vilhelma II Nemačka je bila razoružana. Čak i posle Napoleona Francuska je bila, vojnički, propalica. Genijalni ljudi su počinili isto toliko zla koliko i dobra.

Srbin je, izvesno, od svih naroda na Istoku, najmanje sklon mržnji. Ne mrzi nijedan narod oko sebe. Ako uopšte koga mrzi, to je onda svog suseda, kakvog svog brata Srbina preko ulice, ili onog Srbina na gornjem spratu, ili onog Srbina na donjem spratu. Turci su oborili njegovu srednjovekovnu državu, rušili njegove kuće i crkve, odvodili u ropstvo njegove žene i decu, i čak mnoge prodavali na pazaru. Međutim, Srbin ni danas ne odriče Turčinu čak ni one sjajne vrline koje ovaj nije nikad ni imao. I Hrvata je smatrao svojim bratom! Ne mrzi ni Bugare koji su uvek bili prijatelji njegovih neprijatelja, i uvek išli da se na njegov račun usreće i porastu, ne približivši se ni ljudima svoje pravoslavne vere, ni ljudima svoga slovenskog plemena, ni ljudima svoje turkomansko-uralske rase. Srbin nikad nije prestajao da i njega smatra bratom, ne zadovoljavajući se da ga zove bar rođakom. Proterao je jednog svog kralja, kralja Milana, zato što je ovaj bio digao ruku na Bugare, u jednom ratu koji je bio bar politički razumljiv. Ovaj nedostatak otrova u Srbinu, otrova koji je, međutim, priroda dala i najlepšim životinjama i najlepšim biljkama, čini Srbina više slabim nego jakim. Jer dobrota često oslabi čoveka više negoli zloća. Istorija Srba nema nijedne stranice mržnje i fanatizma. Nikad u svojoj staroj državi nije Srbin znao ni za verske ratove, ni za inkvizicije, ni za Vartolomejske noći, ni za suđenje torturama. Bar u istoriji i u narodnim pesmama nema nikakva pomena o takvim načinima, kojima se, međutim, srednji vek služio skoro po svima hrišćanskim zemljama. Srpski narod je čak jedini istorijski narod koji je svoje kraljeve posvećivao u masi kao svetitelje, a koje i danas slavi među prvim svecima, dok su u feudalno doba baroni i narod bili, naprotiv, krvni neprijatelji svojih vladara. Ima u nas spomena o istorijskoj mržnji prema jednom jedinom licu, a to je bila jedna kraljica grčkog porekla, Jerina, prozvata „Prokletom". Uostalom, i ta je mržnja više legendarna, nego istorijska. Samo su neznalice pisale da su kod nas Srba u mržnji ubijani vladari. Poznato je da je umro nasilnički jedini srpski kralj, Stefan Dečanski, u gradu Zvečanu, koji je bio ispunjen južnjačkim grčkim i cincarskim svetom. Međutim, kralj Uroš, sin Dušanov, nije bio ubijen nožem kralja Vukašina, kao što priča legenda, pošto je dokazano istorijski da je, naprotiv, Vukašin umro ranije nego što je umro sâm Uroš, njegova tobožnja žrtva. Po mom mišljenju, nema u Evropi istorije koja je, kad se očisti od šarenih legendi, i osvetli istorijskim činjenicama, pokazivala toliko pobožnosti i čovekoljublja koliko istorija pravoslavne srpske države. Ovo je i utoliko čudnije kad se zna da je srednjovekovna Srbija crpela svoju kulturu iz obližnje Vizantije i Italije, dveju zemalja punih zavera i zločina svake vrste. I mali srpski Dubrovnik je bio više pravoslavno vedar, nego katolički mračan: to je bila jedina katolička država u kojoj nije bio spaljen nijedan živ čovek.

O PLESU

Čovek peva i kad je žalostan, ali igra samo kad je radostan. Nikad čovek ne zaigra u tuzi, kao što, naprotiv, u tuzi zasvira ili zapeva; jer nesreća oduzme telu njegov pokret, a pokretu njegov ritam. Stvarno, ples je ekstaza, vrhunac uzbuđenja, izlaženja iz sebe u prostor, ispoljenje koliko i reč u pesmi, i koliko zvuk u muzici. Sve što je radosno igra na suncu, i sve igra u ritmu i u harmoniji. Stoga ljudski ples i treba da liči na pokret kakav postoji u prirodi: na lelujanje žita, na talasanje mora, na titranje vodenog mlaza, na treperenje lišća, na igru krvi.

Svakako, za ples uvek treba rase, zdravlja, temperamenta, snage. Ples je isto toliko proizvod rase koliko i muzika, slika i pesma. Ples, to znači prepuna čaša snage i volje za život. Ima naroda koji znaju igrati i drugih koji ne umeju i ne mogu. Među evropskim narodima znaju da plešu samo Španci i Rusi. U Španiji ozbiljno igraju kao što su nekada u Grčkoj ozbiljno filozofirali. Španski su plesovi jedino igranje koje je rođeno u strasti i u besu krvi. Španska igračica je u stanju da izrazi u svom baletu celu lestvicu ljudskih osećanja i strasti: ljubav, zavist, prohtev, naivnost, ljubomoru, nežnost, blaženstvo, predanost, odanost, osvetu, obest, mržnju, sećanje, bol, nostalgiju, zaborav, apatiju. Španci igraju dok se drugi narodi samo klate i teturaju. Jedino crnci bolje igraju od Španaca, a ovo stoga što su crnci uvek deca, i umeju da se zaborave kako bi se zatim celi predali pokretu. Oni su i najvećma prirodni, jer su još vrlo bliski prirodi; i daleko od kulture, od koje dolazi sva zbrka i sva zbunjenost. Stvarno, divljaci i poludivljaci su igru i izmislili: igru ratničku, i sveštenu, i ljubavnu. A oni su je izmislili pre pozorišta i pre pantomime, možda i čim je čovek čuo oko sebe muziku vetra i vode za kojom je zatim pošao njegov pokret. Znači, čim je osetio pravo postojanje života i lepotu u životu.

Ples nije za ceo svet, jer je ples ili umetnost ili je nakarada. Trebalo bi da u jednoj dvorani igra svega nekoliko parova, kao što samo nekoliko najsposobnijih lica igra jedan pozorišni komad. Jer ritam je bogom dan i urođen kao i sluh, a zato mogu igrati samo oni kojima je ritam već u krvi. Ples je pre svega stvar temperamenta; a po tome kako neko igra, vidi se kakav je njegov temperament: sangvinika, kolerika, flegmatika ili melanholika. Većma poznate karakter jednog čoveka po tome kako igra nego po tome kako misli i govori. Nije stoga ni čudo što Mađar igra čardaš, Francuz kadril i menuet, Čeh polku, Srbin kolo. Nije čudo ni što su ljudi naročitog duha bili poznati i kao slavni igrači: jedan Epaminonda i jedan Luj XIV. Nije čudo što su izvesne ličnosti igrom htele postizavati svoje ciljeve: lepa Saloma da otruje ljubavlju dušu jednog proroka, i mudri Rišelje da, prerušen u bufona i s praporcima, igra sarabandu, kako bi zadobio naklonost kraljice Ane.

Igrom se opiju duhovi većma negoli muzikom, jer je pokret viši i od zvuka, a opojniji i od stihova. Kad su grčki rapsodi bili već zamorili grčki svet neprestanom pesmom o trojanskim herojima, došle su u Atinu, već za vreme Solona, žene iz Frigije i iz Libije da uz dvostruku frulu i citru igraju strasne i zanosne plesove iz svojih krajeva. Grčki kipari su vajali s ushićenjem igračice u lepoti njihovih pokreta, u mekoti draperije, i u izrazima očaranih lica, koja su toliko odvajala od dotadašnjih ikonografskih lica grčkih božanstava.

Sve je igralo u staroj Grčkoj, i ljudi i bogovi, i šumska i morska bića, i satiri, i sileni, i nimfe i meade. Ksenofon u *Banketu* opisuje igru na svadbi Bahusa i Arijadne, a kipari vajaju u svojim metopama igračice čak i za nakit grčkih hramova. Igraju puno i Egipćani, mada su toliko vezivali umetnost za božanstva i za smrt. Nema odista ni kulturnog ni nekulturnog naroda koji nije strasno igrao. Jedini su Kinezi oduvek smatrali ples za sramotu. I hrišćanstvo je ples smatralo grehom. Pokret je uvek napredovao s civilizacijom. Tako prvi skulptori nisu znali za lepotu pokreta. Takozvano frontalno kiparstvo zna samo za čoveka ukočenih udova, koji stoji licem u lice s gledaocem. Lepota Fidijinih figura i jeste najviše u takvoj tek pronađenoj lepoti stavova i pokreta; a ovaj Anaksagorin učenik prožeo je tako kroz pokret i ritam svoju materiju duhom koji je njegov učitelj prvi stavio u sredinu i kosmičkog i umetničkog života. Nikad više posle toga nije pokret prestajao da među ljudima predstavlja vrhunac lepote i zračenja. Jedan antički pesnik je govorio da je ples istovremeno i slika društvenih naravi i slika duševnosti jednog vremena.

Odista, pokret je to ostao i do današnjeg dana. Svet se zgranjava našim igrama početkom dvadesetog veka zbog njihove raskalašnosti i delimične nezgrapnosti, i po ovim dvema bi današnji ples odista bio slika svog lošeg vremena. Međutim, ako današnja moderna muzika i ples, pozajmljeni od američkih crnaca nemaju melodije, oni zato imaju ritma. Takozvane crnačke „zavetane" besne su od životnog ritma. Savremeni čovek je već bio presićen lepotama veka koji je prošao. Taj isti čovek ne može više da i dalje sluša sa uživanjem ili bar sa strpljenjem Rosinijevu muziku u *Seviljskom berberinu*. Tako niko ne bi mogao danas ni da gleda, a kamoli i da sâm igra, stari preciozni menuet. Današnji je čovek i inače izišao polulud iz rata, izbezumljen od mašinerije, od krvavih utakmica, od huke granata, a to odista ne ide naporedo s finom Rosinijevom muzikom, a još manje s ljupkim menuetom. I nekadašnja romantična devojka bi sad u društvu izgledala ćurka, a nekadašnji romantični čovek bi danas izgledao magarac. Heroj našeg vremena izgleda cinik i rušilac, i zato takvom čoveku treba muzika što lupa kao što lupa na gvozdenom mostu huka bornih kola i teških baterija. Slika vremena u kojem živimo, to je onaj crnac u orkestru koji se kezi na publiku pored bubnja, praveći paralitičarske pokrete i životinjske grimase. Nesumnjivo, on predstavlja sliku vremena koje neće imati kontinuiteta, kao što nije imalo ni istorijske logike, ali je taj crnac došao među nas kao proizvod jednog bolesnog razdoblja. Ples je, dakle, jedna slika savremenih naravi, kao i svaka druga umetnost čovekova. Ne zaboravimo da sve ipak nije konačno propalo ni u današnjoj degeneraciji plesa: s crnačkim plesovima i muzikom došli su i nostalgična melodija sa Havaja i sentimentalni tango iz Argentine, dva možda najlepša i najnežnija ostvarenja koja je ikad dala kombinacija pokreta i zvuka.

U srpskom narodu se najgore igra u oblastima gde su ispevane naše najbolje i nenadmašne epske pesme. Hercegovci i Crnogorci ne igraju bolje na suncu nego Hotentoti na svojoj mesečini. Njihova se igra sastoji od skakanja s jednog mesta na drugo, bacajući se odozdo naviše, sa vrlo malo ritma, a naročito uz vrlo malo melodije. U teškoj prošlosti tuđe tiranije nije odista bilo mesta radosti ni ekspanziji koje inače predstavlja ples u svom istorijskom razvijanju. Uostalom, srpsko „kolo" je potpuno nenacionalno; ono se igra i kao „farandola" u zapadnoj Francuskoj, kao što se pod drugim imenom igra na Madagaskaru. Svakako, kolo nije poniklo u predelima naše epske pesme. Naša epska oblast zna samo za ratničke igre koje su se paralelno razvijale s tom epskom pesmom, a one se sastoje u poskakivanju i u poklicima. Ratničke igre su uopšte možda s pobožnim igrama i prvi početak umetnosti igranja. Posle ovih dveju dolazi ljubavna igra, kao menuet, ili tango, ili valcer, a to već znači konačno usavršavanje čovekovog plesa.

Pokret je i jedno krupno nasleđe čovekovo. Demosten je govorio jednom prijatelju da čovek koji ide preterano brzo jeste isto tako nepristojan prema društvu kao čovek koji govori neuljudno. Odista, nama se čini da bi po pokretu kakvog čoveka mogli poznati da li je to lice čitalo Danteovu poeziju, ili grčke filozofe, i da li su njegovi preci bili gospodari ili sluge; jer čovek koji još ni po čemu ne liči na svog oca ili na svoju majku, često na njih potpuno liči po pokretu ili držanju tela. Naročito se stoga gospodsko nasleđe u kakvoj porodici vidi po pokretu i stavu fizičkom: plebejac korača drukčije nego gospodin, čak i onda kad je umniji od gospodina. Ima ljudi i žena najlepših lica ili najlepšeg stasa, i koji čak inače imaju i prefinjene ukuse u svemu drugom, ali ipak nemaju lepe pokrete tela, ni držanje glave, ni položaj ruku i nogu. Vojska i sport mogu mnogo da isprave urođene mlitavosti i grubosti ljudskog tela, ali zato im oduzimaju i od urođene finoće i lične izrazitosti.

Čoveka od rase i od fine porodične krvi, skoro većma poznate gledajući ga s leđa nego gledajući ga s lica, kao persijski ćilim. A to je po koraku, mirnoći, ritmičkom gibanju, i po ponositoj liniji od glave do pete. Sve životinje viših rasa, počinjući od arapskog konja do lava, imaju pre svega izvanredne pokrete. Ima i ljudi čiji je pokret tako pun lepote, da mu telu ne možete više naći nikakav nedostatak. Čovek, i dok sedi i dok govori, već samim svojim stavom tela izražava i svoju moć osetljivosti, i svoju misaonost, i svoju duhovitost. Ovo znači i da umni i otmeni ljudi sasvim drukčije sede nego što sede ljudi beznačajni ili ljudi prosti. Kod žene se po samom pokretu može poznati da li ima urođene čednosti, ili je moralno pokvarena, kao da li je gospodstvenog ili je neotmenog duha. Ima finih žena koje nose glavu kao najlepše ptice, kao što ima ljudi koji nose glavu kao vepar.

Ne znam nijednog velikog pesnika ni umetnika koji je puno ludovao za plesom, ali su i čuveni igrači većinom bili lišeni svakog drugog talenta. Kao da je savršen pokret odista sâm sebi dovoljan. Bilo je i velikih artista koji čak nisu voleli muziku, kao Igo i Gotje i Eredija; a nije voleo muziku ni Hajne, mada je o njoj pisao. Nije mario za ples ili za muziku ni Gete, koji je čak i sâm svirao na klaviru. Je li to stoga što muzika reči ne ide zajedno s muzikom čistog tona? Međutim, antički narodi su ovakvu ravnodušnost za muziku smatrali čovekovom inferiornošću. Stari su Rimljani smatrali takvu ravnodušnost i prostaštvom, pošto su za grubog Marija govorili kako je takav prostak zato što ne zna ni muziku. Istina, ne treba ovde ni preterivati. Ima i inferiornih ljudi koji su ipak vrlo muzikalni; a čak i neke životinje igraju na zvuke muzike, ili i same pevaju, puštajući makar i neskladne ali radosne glasove ako odnekud začuju glas kakvog instrumenta. Najzad, muzika je prilično stvar spola, kao i ples; svi muzikalni ljudi, a naročito žene, spolno su veoma uzbudljivi, a često i perverzni; jer muzika potresa nervni sistem i raspaljuje maštu. Tolstoj je ovo pokazao u tragičnom slučaju koji je opisao u jednom malom ali izvanrednom romanu.

Ljudi hladni i bespolni igraju i sviraju uvek dosta rđavo, ili uopšte ne sviraju, a najčešće i ne igraju. Da ples i muzika fizički uzbuđuju čoveka, vidi se po tome što indijske bajadere igraju lascivno i kad igraju religiozne plesove. Međutim, u današnje doba plešu i babe i dedovi u istom javnom lokalu u kojem plešu i njihovi unuci, naročito u Engleskoj i Americi. Danas se uglavnom pleše najviše iz konvencije, manije, sujete, perverzije, ili kurtoazije, većma nego i iz strasti za igranjem. Kada bi čovek igrao s drugim čovekom, a žena s drugom ženom, više se uopšte ne bi ni igralo, što ipak znači da se u plesu najvećma traži telesno uzbuđenje. Odista, takvo uzbuđenje koje zdrav čovek ima pri igranju držeći u naručju toplo i golišavo telo mlade žene, njen vreo dah po obrazu i po usnama, često kod nekih lica prelazi iz umetnosti u telesnu opsesiju, i u bestijalno nastrojenje. Sladunjavi menuet je mesto strasti imao graciju; ali današnji fokstroti idu samo za postupnom degradacijom žene. U današnje doba jedan Don Žuan ne mora više da pravi romantične serenade, ni da se bije na dvobojima, da bi zadobio jednu lepu ženu, pošto mu je danas dovoljno jedno veče u bezumnoj glazbi i u divljačkom plesu, čak i naočigled sviju, da skoro jurišem zadobije i duh i telo ženino. Današnja je mladež ovo dobro razumela, a zato će ples udvoje, jednom uobičajen, i ostati za sva dalja vremena. Uostalom, uvek je dovoljno da neki porok postane običajem celog sveta, pa da ga niko više i ne smatra porokom, nego čak da ga najzad smatraju jednim sveštenim društvenim običajem.

Ludilo sujetne žene za plesom prevazilazi sve druge čovekove sujete i sva ostala ludila. Ima žena koje su tom manijom za plesom upropastile ili sebe ili druge. Lukrecija Bordžija je igrom bacila u porok i svoje najbliže srodnike, a dvadesetogodišnja Beatriče Sforca je pala mrtva od preteranog igranja. Tako je Puškinova žena, ne samo svojom lepotom nego i svojom igrom, bila zadobila svoju tužnu slavu koja je velikog pesnika najzad oterala i u smrt. Kažu da je i Sokrat voleo da igra; ali ko zna šta je mudrac bio našao u plesu. Možda je našao samo najsavršeniju meru ritma u prirodi, kao što je Gete na golim leđima žene pažljivo brojao slogove svojih heksametara.

O LJUBOMORI

Ljubav se sastoji od izuzetnih i protivurečnih duševnih i duhovnih potreba: voleti i biti voljen; osetiti strast i probuditi strast; i najzad, patiti zbog nekog i želeti da i on pati zbog nas. Istina, prava ljubav za drugog isključivala bi svaku ljubav i obzire prema sebi; jer inače ljubav ne bi bila posredi nego sujeta. Da je ljubav jedno isključivo i totalno osećanje, vidi se po tome što čovek često ubija sebe kad nije u stanju da ubije u sebi jednu ljubav odveć tegobnu. Međutim, ima u čoveku jedna sebičnost koja od ljubavi čini jedno osećanje često isključivo i cinično: a to je kad zaželi da zbog njega neko pati, makar u svemu drugom želeo tom istom stvorenju najveće blaženstvo na ovom svetu.

Ljubav i tuga su nerazdvojni, a nisu nerazdvojni ljubav i radost. Stoga je bol jedino merilo ljubavi. Ako smo nekoliko puta u životu bili zaljubljeni, a ovakav je slučaj odista sviju ljudi od srca, onda se najduže sećamo ljubavi koja nam je najviše bola nanela. I najveći broj samoubistava, događa se iz ljubavi. Ubijaju se ljudi i žene čak i onda kad ni najmanje nisu uvereni u svoju ljubavnu nesreću. Ljubav je toliko delo čovekove mašte, da se čak ljubavne nesreće naročito izmišljaju, kako bi čovek zatim mučio i sebe i druge. Mnogi su ljudi izvršili samoubistvo da bi pričinili bola onom koga su voleli, češće nego i zato da bi samom sebi smrću olakšali.

Ljubav je stoga uvek jedno osećanje blagog i prijatnog ludila. Osećanje ljubavi je svakako paradoksalno koliko u fizičkom, toliko i u duhovnom pogledu. Stari pesnik Kalimah peva kako ljubavnu zakletvu, „apoinimos", bogovi i ne uzimaju u obzir, „jer ljubavna zakletva uopšte i ne ulazi u uši bogova". Antički narodi su zaljubljenog čoveka smatrali bolesnikom, a najpre zato što zaljubljen čovek muči ličnost koju voli da bi sebi ugodio ili bar olakšao, uvek misleći da više daje nego što prima. Ljubavni zločini su odista svakovrsni i sviju obima. Kad je jedna žena priznala knezu od Ferare kako voli njegovog brata zato što ima lepe oči, ovaj je knez naredio da oslepe tog njegovog brata. A kad je docnije slepac donekle prezdravio i progledao, i pokušao da se osveti, brat ga je ovaj put zatvorio u tamnicu na trideset godina. Zamislite i to da se ovo dogodilo u isto doba kada je na dvoru tog kneza od Ferare pisao Taso svoj pobožni epos *Oslobođeni Jerusalim*.

U antičko vreme malo se pominju ubistva iz ljubavi. Ni u srpskim narodnim pesmama ih nema mnogo. Međutim, rimski pesnici pate od ljubomore više nego i od ljubavi. Tibul je bio tužan kao kakav Sloven, Katul vreo kao Arap, Horacije vedar kao Grk, Ovidije žovijalan kao Parizlija, ali su u svojim ljubavima svi ovi pesnici bili ipak ljudi svoga vremena a ne našega, i voleli na svoj način. Tako je melanholični Tibul voleo i pevao Deliju, jednu javnu ženu, ali i Sulpiciju, oslobođenu robinju, i najzad Neru, baš pravu robinju, i opevao ih kao da su bile kćeri konzula ili senatora. Sve su žene rimskih pesnika išle u isti registar, kao ravne jedna drugoj. U antičko doba nije bilo ni spomena o ljubavnim utopistima, kao što su bili na primer naši romantičari koji su mešali mesečinu i vino i ženu u isti svoj ljubavni zanos i sentimentalno ludilo. A nije bilo takvih ljubavnih utopista stoga što su, naročito rimski ljubavnici, ljubili više fizički nego duševno. Sentimentalno bolovanje Vertera se ne daje ni zamisliti izvan Verterovog stoleća.

Sujeta igra u ženskim ljubavima veliku ulogu, a ponekad i glavnu. Najveći broj žena ne ide za čovekom koji se njima samima dopao, nego najpre za čovekom za kojeg se zna da se dopada drugim ženama, naročito njihovim prijateljicama, ili čak njihovim neprijateljicama. Ovaj slučaj je vrlo zanimljiv u pogledu ženskih osećanja: žene vole ljude slavne među ženama, većma nego ljude slavne među drugim ljudima. Žene koje vole ljude slavne među drugim ljudima, sasvim su različne od onih žena koje vole ljude čuvene kao dopadljive ili zavođačke u krugu drugih žena. Čini mi se čak da je vrlo čudna ova zbrka osećanja u jednom istom spolu.

Žena uopšte ima više moć nežnosti i raznežanosti, nego pravog srca i dobrote. Mnogi ljudi ovo ne umeju da razlikuju ni do kraja života. Žena je po prirodi zaljubljena samo u lepotu, ali i tu više glavom nego srcem. Ženina zamisao je uvek veća od ostvarljivog, jer je žena u svemu artist, pun mašte. Ovo svedoči da njen duh nije ni stvoren za suđenje i merenje mogućnosti, nego, naprotiv, da njena mašta sprečava čak i njen urođeni instinkt da slobodno u nešto prodre i da nešto jasno razabere. U ženinom životu zbog njenih duhovnih i fizičkih nenormalnosti, uopšte nije ništa predviđeno, ispitano, ni odmereno, čak ni onda kad nam ona izgleda sva lukava i cela sračunata. U ženinom se životu sve svrši za petnaest dana njene vruće i lude glave. Da žena nema nešto intuicije, ona nikad ne bi pogodila ni vrata na koja izlazi iz svoje kuće. A žena koja zna šta hoće, po karakteru je obično muškobanja, kao što je žena koja uvek zna bar ono što neće, po karakteru uvek dete.

Kad pišemo o ženama, mi obično mislimo samo na mlade žene. A lepota mladosti je baš u tome što o životu nema ideju nego iluziju, i što je snaga krvi uvek u nadmoći nad stvarnošću. Mladost ničemu ne zna pravu cenu: ni ljubavima, ni bogatstvu, ni geniju, ni radu, ni samim svojim mladim godinama. Mladost ženina je još i toliko obesnija nad mladošću čovekovom, da bi mlada žena sama sebe skrhala i upropastila kada bi išla jedino za svojom sopstvenom glavom. Srećom, nju spasavaju roditelji, škola, strah od lošeg imena, materijalna opasnost. Znači sve ono što mlad čovek lako i sâm obiđe, i pored čega celog života živi, sačuvavši i svoje ime, i svoje imanje, i dovršivši svoje školovanje ili zanat, i postigavši i ime i slavu, uvek bez kriza, a često i bez stranputica. Za mladu ženu, naprotiv, naročito posle njenih dvadeset pet godina, svi su putevi klizavi, sve stepenice odveć nagnute, sve nizbrdice vratolomne, svi ljudi zaverenici, sve druge žene neprijateljice i zmije.

Makar izvesne žene i imale dosta vrlina, nikad ih nijedna nema dovoljno. Ženine su pogreške obično malobrojnije nego čovekove, ali obično veće nego čovekove. Žena napravi najviše pogrešaka baš nastojeći da bude nepogrešna i bezgrešna. Kažu da na Malabaru na Madagaskaru žene ne lažu, zato što rade sve što hoće, i što žive kako znaju, ne dajući nikom nikakva računa, niti znajući da uopšte treba za što odgovarati u zagrobnom životu. Međutim, kada žene odista ne bi lagale, pola bi njihovog čara otpalo; jer što je u našem duševnom životu najčudnije ali i najčarobnije, to nije ni ljubav, koliko ljubavna intriga. Kada bi se između čoveka i žene sve svršavalo sa „da" i sa „ne", izvesno ne bi bilo više ljubavi na svetu.

U ljubavi se treba boriti kao stari Skiti na bojnom polju: bežeći od neprijatelja. I Napoleon, nesrećni ljubavnik, mislio je da je pobedio u ljubavi onaj koji je prvi pobegao. Odista, bežanje je jedini način da čovek razazna u ljubavi da li je još gospodar svoje pameti i svoje snage, otputovavši kud hoće, i oslobodivši se kad mu je volja. Ali onog časa kad čovek zaljubljen oseti da su mu đonovi postali teži od olova, on je pobeđen. A to je često i dovoljno da ga žena više ne voli; jer žena ne trpi pobeđenog i okreće glavu od svoje pobede. Žena se ne daje, nego se podaje; i uvek hoće da sama ima utisak, čak i izgled, da je oteta i silovana. Kod žene je intriga ljubavi uvek veća nego ljubav.

Čovek će uvek voleti i obožavati ženu, pošto je to u snazi njegovog instinkta tvoračkog. Čovek je od svoga sna uvek gradio i svoju stvarnost. Žena je uvek najviša inspiratorka čovekova. I čovek uvek traži da nekog obožava. Atinjani su još za Plutarha obožavali na Akropolju nekakvu boginju, zaštitnicu Atine, za koju Tertulijan kaže da je bila samo jedno parče bezformnog drveta. Međutim, žena je uopšte lišena osećanja obožavanja; ona voli krvlju a ne pameću. Muhamedova žena je prva poverovala da je Muhamed odista prorok, i prva je prešla i na islam, kada su spočetka samo Jevreji primali taj nauk novog proroka. Ali se ovo dogodilo stoga što je Hatidža bila punih petnaest godina starija nego njen mladi muž — pošto je njoj bilo pedeset pet godina kada je njemu bilo tek četrdeset, i kada je počeo svoje proročke propovedi.

Ljubav je uopšte jedno stradanje romantičara, znači ljudi vrele mašte, više nego velikog srca. I žena je retko ona koja voli čoveka najpre srcem. Čak ona može biti zaljubljena svim drugim (maštom ili spolom), i kada nije zaljubljena srcem. One daju radije sve drugo nego vlast nad samom sobom. Zato su žene vrlo retko zaljubljene i kada su najlakomije na čoveka. Žena uvek voli nekog čoveka više nego njegovu ljubav prema njoj, i zato ženine ljubavi tako često naliče po dobru ili po zlu na čoveka koga vole. Žena uopšte ne bira čoveka prema kakvoj ideji koju tobož ima o ljubavi, a kod mnogih žena često čovek i ljubav stoje odvojeno jedno od drugog u njenom životu. Žene romantične i idejne čine sasvim obratno, pošto idu za svojim fikcijama, ali su one vrlo retke. Sveta Tereza iz Avile je bila vrlo romantična i vrlo zaljubljena, i pisala pesme, i napisala jedan roman, a jednog dana pošla i izvan grada s bratom da bi je uhvatili Arapi i odsekli joj glavu, kao što se to čitalo u romanima onog doba. Tako su u životu ove svetiteljke ljubavno i religiozno osećanje bili dva izvora jedne iste reke, i to kroz ceo njen život. Uostalom, duboka ljubav je jedna mistika kao i vera. I Dante i Petrarka su divinizirali svoje Beatriče i Laure, znači svoje ljubavi. Istina, nijedna žena-pisac nije pokušala da slično učini pišući o ljudima koje je volela.

Zanimljivo je da se ljudi razumeju najbolje sa ženama u koje nisu zaljubljeni. O ljubavi s takvim ženama govorimo uvek ubedljivo i razumno; a i one su same ushićene da najzad čuju reči o takvim krupnim stvarima srca, bez ikakve zadnje pomisli onoga s kim razgovaraju. Žena voli prijateljstvo više nego čovek. Za ženu je jedini odmoran i dobar čovek onaj koji ne pokušava da je zaluđuje i osvaja kad ona ovo ne želi. Nezaljubljen čovek često izgleda bez čara, ali i bez zloće; hladan, ali i human.

Žena i kada je najpametnija, oseća da ima u njoj nešto komičnog za čoveka koji misli. Oseća da ovaj ima za nju nešto sažaljivo i pomalo prezrivo. Čoveka vređa njena bezmerna fizička slabost; njeno lukavstvo zamenjuje mudrost; njena stalna gluma oduzima čar iznenađenja; a njena se sujeta odveć ističe mesto njene duševnosti. Nesporazum između dva spola je prirodan, i zato večit. Nema žene koja ne pokušava da čoveka obnevidi i zaslepi na jednoj velikoj hrpi pitanja. Ona veruje i da je ne bi voleo kad bi uspeo da sve u njoj dobro pročita. Zbog ovoga je kod žena, i kad su najbolje, intriga ljubavi veća nego ljubav.

Kao i sve drugo što živi izvan čoveka i u čoveku, ljubav takođe ima svoje oboljenje. A to je onda ljubomora. Ljubomora je elemenat mržnje u ljubavi, pošto je mržnja uvek proizvod nekog strahovanja. Ne razumevajući ženu, čovek polazi najpre od njenih pogrešaka, pošto se čovek najviše plaši onog što najmanje razume. A pošto ovako ljubomora predstavlja jedno bolesno stanje ljubavi, ljubomora znači ljubav koja je poludela. Čovek u stanju ljubomore pravi loša dela, muči i ubija druge, znači da uopšte dejstvuje sasvim kao umobolnik. Ljubomoran čovek živi u kući s duhovima i vampirima, u šumi živi sa aždajama, na vodi i kad je mirna, živi u olujama. On se u svojoj ljubomori ni na jednom tlu ne oseća drukčije nego što bi se osećao na vulkanu ili zemljotresu. Kad bi ljubomora trajala celog života čovekovog, taj bi život morao trajati vrlo kratko. Ljubomora, prelazeći u priviđenja, napravi čovečji duh himeričnim, poremećenim, sumnjalom i čovekomrscem. Ljubomoran čovek postaje opakim, i najzad opasnim.

Ako je žena ljubomorna, ona to nije toliko zbog straha da ne izgubi čoveka kojeg voli, pošto veruje da će uvek još nekog voleti, nego je ljubomorna od straha da joj ga ne bude otela neka druga žena. A ovo bi za nju značilo dvostruki gubitak; sopstvenu cenu kod kakve svoje suparnice. Ženina je sujeta, međutim, često jača i od njene ljubavi. Iz ovog izlazi da je ženina zavist prema kakvoj drugoj ženi veća i komplikovanija negoli njena ljubav prema čoveku. Čovek, koga žena progoni svojom ljubomorom, često i ne sluti da to nije samo zbog njega, nego da je tu posredi, često više nego išta drugo, i suparništvo jedne žene prema drugoj. Puno ženskih ljubavi postoje na ovoj osnovi ili propadaju iz ovih razloga.

Bilo bi prirodno verovati da je čovek, koji je ljubomoran prema ženama, sledstveno i zavidljiv prema ljudima, jer bi tako značilo da ljubomora i zavist imaju isti izvor u čovekovoj prirodnoj sebičnosti i gramzivosti. Međutim, naići ćete na ljude ljubomorne prema ženi, a koji, međutim, u odnosima prema ljudima, nemaju ni traga kakve zavisti. Zavide možda još jedino onima koji imaju žene vernije nego što njima izgledaju njihove sopstvene. Prema tome, izgledalo bi da ljubomora i zavist imaju razne izvore. U svakom slučaju, ljubomora je stvar spolnog nereda, a zavist je stvar moralnog nereda.

Ljubomora postoji i gde nema ljubavi. Neko je ljubomoran i pre nego što je postao zaljubljenim, a ostao je ljubomoran čak i posle nego što je bio zaljubljen. Znači da je ljubomora jedna forma naše misli i našeg osećanja. Svakako, ako je ljubomora slična kakvom ogledalu, ona je slična nekom mutnom staklu, konkavnom ili konveksnom, ali svakako staklu koje uvek pokazuje ili nešto uveličano ili nešto umanjeno, ali uvek nešto obezličeno, i nikad u pravoj razmeri. Ljubomorni bi ljudi trebalo i sami da razumeju da oni žive u moralnoj poremećenosti, pošto, stvarno, ljubomora znači pre mržnju nego ljubav.

Ljubomoran želi nekom licu u koje je zaljubljen zlo i nesreću, čak i onda kad je inače tome istom licu u stanju da rado žrtvuje sve svoje što ima, čak i svoj život. A život možda pre i brže negoli ma išta drugo. Prema tome, ljubomora je odista jedna forma ludila. I to forma ludila najpre stoga što um ljubomornog lica sve vidi bez proporcija, a zakon proporcija jeste glavni zakon misli. Ljubomora ne zavisi ni od toga da li je taj ludak čovek inače po svom duhu talentiran ili čak genijalan, pošto ljubomoran čovek vrši svoja zla ne prema meri pameti, nego prema meri ludila. Bajron je u svojim ljubomorama bacao žene sa stepenica.

Treba praštati pogreške nesrećnicima, ali ne i nevaljalcima, jer nikakva religija ni pravosuđe ne predviđaju milost za nepopravljivog. Ako jedna ljubav nije u svojoj osnovi najpre dobrota a zatim i dobročinstvo, onda ona degeneriše u igru fantazije, u fizičke nerede, u bestijalnu sebičnost, pošto čovek koji u stvarima srca ne ide za tim da nekog usreći, mnogo puta ide za tim, da naprotiv, nekog unesreći. Jer srce, ako nije vođeno razumom i dobrotom, može da isto tako slepo mrzi koliko ume i da slepo voli.

Plemenit čovek meri u svojoj ljubavi koliko on voli drugo lice, a ne koliko je sâm voljen. Istina, ovakva pojava, izgleda skoro van ljudske prirode, i skoro božanska, a stoga i vrlo retka. Svakako, ljubomoran čovek obično nije plemenit, pošto sve prebrojava i premerava kod drugog lica pre nego kod samog sebe; i uvek veruje da je sve preplatio, i da je u svemu prevaren. Uostalom, ljubomorna lica ne vrše samoubistva, nego, naprotiv, ubijaju druge, jer je ljubomora u bitnosti jedno osećanje zločinačko.

Ljubomora bi dolikovala više ženi nego čoveku, jer je ljubomora sitničarska, sebična, nevelikodušna, i čak malodušna. Žene su po samoj svojoj prirodi zavidljive, pošto su u stanju i da odboluju ako druga žena ima bolji nakit, toaletu, uspeh u društvu, makar joj i najmanje zavidele na umnijem čoveku nego što su njihovi. Pošto je tako ljubomora proizvod strasti a ne razuma, strast je stoga jedino merilo sviju stvari u ljubomori. Ako je još posredi i fizička strast žene za jednog čoveka, onda već nije posredi ni ljubomora, nego ludilo, i čak besnilo. Žena u ovakvom slučaju oprašta drugoj ženi i sve blagodeti, i visoke vrline, i retke osobine, čak i bogatstvo, ako nije posredi izvesni čovek. Samo na ovoj tački mrkne njena svest i nastupa duhovno rasulo.

Međutim, čovek je netrpeljiv i prema svemu što ga lično premaša. Ima ljudi koji nisu surevnjivi samo na nečiju nadmoć nad njima samim, nego su surevnjivi i na svaku veličinu drugog čoveka. Čak i na onu veličinu koja bi bila od najveće koristi za opšte dobro, za otadžbinu, za društvo. Zavist čoveka prema čoveku prevazilazi sve druge poroke ljudskog karaktera. Znao sam čuvenih advokata koji su bili otrovno surevnjivi prema kakvom velikom lekaru ili prema kakvom slavnom oficiru. I znao sam političara koji su zavideli i balerinama, ako im se pljeskalo jače i duže nego njima. I znao sam muzičara koji su zavideli atletima. Ljubomora i zavist, dakle, nisu stoga stvari mišljenja i ocena, nego su podjednako stvari duhovnog poremećaja.

Naročito je čovek prema ženi uvek nepravedan. Ne dozvoljava ni da ona ima mane koje obično imaju svi ljudi, a kamoli da nema vrline ravne najboljim čovekovim vrlinama. Od žene se traži uvek neprikosnovenost i nepogrešivost kakve se inače traže samo od kraljeva. I mudri Anri IV, kako piše Sili u svojim *Uspomenama*, želeo je u jednoj jedinoj ženi naći svih sedam vrlina koje je sâm smatrao najvećim: lepotu, mudrost, blagost, duhovitost, plodnost, bogatstvo, i plemićko poreklo.

Ljubomoran čovek nikad nema sreće u ljubavi; a najčešće se smatra nesrećnim i kad ima najviše uspeha. Grčki mudraci su očevidno smatrali ljubomoru protivnu svakoj mudrosti, a dokaz, što grčka tragedija nema ljubomornih lica kao šekspirska drama. Nekoliko velikih ljubavnika atinskih, koje spominje Plutarh, ne pokazuju nigde ni znaka kakve ljubomore prema ženama koje su voleli, makar što je stara atinska porodica imala svoj ginekion možda ne puno različan od istočnjačkog harema. Ali je u Grčkoj cenjena uglađenost koliko i sama sadržina; i sve što nije bilo otmenim, nije smatrano ni plemenitim. Grčki učenik, stoik, rimski car Marko Aurelije, čija je žena Faustina bila razvratnija i od Julije i od Mesaline, nagrađivao je njene ljubavnike kao i ostale građane i svoje prijatelje; a samoj Faustini je podigao hram, i unajmio sveštenike da joj pale tamjan i prinose žrtve. Filozofija antička je ukroćavala ljubomore, i naročito isticala velikodušnost i dobrotu kao plemenite odlike, jedine dostojne čoveka. Ako se nije puno govorilo o ljubomori, mnogo se u antičko doba pisalo o ljubavi. Tako se zna da su ljubavnici Marko Antonije i Kleopatra postavili njihove dve statue na sâm Akropolj. A lepa Bahis sa Samosa odbijala je persijske satrape da bi volela grčke pesnike. Za učenu Hipatiju se reklo da je trostruko svetiteljka, što bi se danas kazalo da je nosila tri oreola: bila je slavna svojim naukom, zatim svojom lepotom, i najzad svojom vrlinom.

U velikom broju slučajeva ljubomore su razumljive, i sumnje su opravdane. Lepu je ženu teško sačuvati kao što se ružne žene teško otresti. Čak je izvesno da čovek koga njegova žena vara, a on to neverstvo ne oseća, i ne sluti, nije sâm potpuno zdrav, pošto mu nedostaje moralno čulo, koje je kod poštenog čoveka osetljivo koliko ujedno i svih pet fizičkih čula našeg tela. Čovek odista moralno zdrav, mora biti odista i moralno osetljiv. Ljudi koji su varani, bilo od žena bilo od ljudi, to su ličnosti moralno atrofirane. Postoje ličnosti, dakle, moralno glupe, i onda kad su u svemu drugom duhovno potpune. Ovo nedostajanje moralnog čula, moralne osetljivosti, moralnog instinkta, kod izvesnih ljudi, i vrlo čestih, ide i dalje od samog ženinog slučaja. Takav čovek je obično glup i tup takođe i za sva viša pitanja časti i čistote. Amoralna ličnost je slepa i gluva kao pećinska riba.

U jednom poremećenom odnosu između čoveka i žene, obično oboje nemaju iste poroke, ili bar ne u jedno isto vreme. A ovo ni onde kad su oboje po prirodi podjednako poročni i lažni. Tako, na primer, ako je on po navikama ljubavnik sviju žena, ona obično ne ide za tim istim porokom nego za kakvim drugim; ona je tad možda kartaš. A ako je on kartaš, ona je svađalica, ili raspikuća, ili tuđa ljubavnica. I tako dalje. Istina, najobičniji je slučaj da se žena sveti nevernom čoveku time što i sama postane nevernom. Svakako je najređi slučaj da u jednom domu prebiva jedno od njih čisto, a drugo nečisto. Svet se međusobno i inače mnogo više zaražuje duhovno nego fizički.

Međutim, žena dobro zna da ni najbolji ljubavnik nije nikad za nju vezan onoliko koliko je za nju vezan njen sopstveni muž, čak i kad je rđav. Ljubavnikove svirepe ljubomore i podle sumnje i otrovne reči su obično uvredljivije nego i muževljeve; jer, pre svega, ljubavnik uvek procenjuje ljubavnicu kao okušanu izdajnicu; ni ta žena nema načina da pred ljubavnikom protestuje u ime svoje vrline, kao što to može da protestuje pred svojim mužem. Zatim, postoji, začudo, izvesna solidarnost, čisto muška, između prevarenog čoveka i onog koji ga je prevario. Retko se događa da baš sâm ljubavnik ne izvrši najgoru osvetu za ono što je njegova ljubavnica učinila svome mužu.

Zapamtite, da uopšte nema na svetu dva lica koja jedno drugo do kraja razumeju. Makar svi sazdani po obličju božjem, svak je sazdan ipak na svoj način. Svako od nas ima ne samo drukčije lice i stas, nego i drukčiji pokret, drukčiji glas, ali i drukčiju dušu. Zato se ljudi nikad ne razumeju. Ljudi veruju da su se međusobno dobro razumeli, samo ako su se međusobno sporazumeli. Znači, ako su saglasni samo na pojedinim i sporednim pitanjima, koja nemaju često nikakve veze s njihovom ljudskom bitnošću. Dokaz, što na hiljadu slučajeva, nema ni dva ili tri slučaja gde ljudi jedno drugom veruju do kraja, i bez rezerve, i gde često najmanja sumnja ne potrese iz temelja ceo odnos među njima. Niko se, naprotiv, ne razume do kraja, i svet živi bez stvarne veze jedno s drugim. Ovo je jedno žalosno osvedočenje svakog od nas koji smo dugo živeli i puno videli. Stoga bi izgledalo da je samo lakoumnost prema ljudima i takozvana slepa ljubav prema ženama, jedini uslov da se na zemlji živi bez užasa.

O ljubavi prema ženama, danomice se piše i govori već vekovima; a međutim, obrnite se oko sebe da vidite s koliko se malo ljubavi živi na svetu. Nisu samo kraljevi oni koji se često ne žene iz obzira prema svom srcu nego prema nekim interesima koji sa srcem nemaju ničeg zajedničkog. Ovakvi obziri prema svemu drugom osim prema ljubavi postoje u brakovima, kad se tiče bar sedamdeset odsto i običnog sveta. Čovek i žena su češće u braku ortaci nego ljubavnici. Kada bi se čak čovek i žena uzimali samo iz ljubavi, njihovi bi brakovi najčešće bili fantastični; a kada bi se i u braku ljubav između njih dvoje održavala više srcem nego običnom navikom, rezignacijom i koristoljubljem, onda bi najviši broj brakova postao himeričnim, bez veze sa stvarnošću života, i najzad očajnim. Kada bi doboš udario pred prozorima žena, objavljujući da će svaka od njih lično imati za život osiguranu rentu, i lepo prebivalište na nekom lepom ostrvu, ili u nekom velikom gradu, pitamo se koliko bi njih ostalo dalje vezanih ljubavlju za svog čoveka, da ga istog časa ne napuste. Ljubavi su najkraćeg veka baš u samom braku. Ne zaboravite zatim da ima na svetu puno ljudi i žena koji nikad nisu o ljubavi ni razmišljali, koliko ni o muzici, ili o arhitekturi, ali koji su ipak zato zajedno celog života, ruku pod ruku, često čak i bez ikakvih osobitih kriza, a mnogo puta verujući i u svoju sreću.

Ljubavnici smatraju da ništa ne karakteriše jednu ljubav koliko njen početak, ili još više njen svršetak, ako do njega dođe. Počeci ljubavi su uvek nerešljivi i konfuzni, začeti pod impulsijom spola i mašte, ali su svršeci skoro uvek promišljeni i pripremani. Zato, ako je kraj jedne ljubavi bio bolan i uzvišen, onda su posredi čovek i žena velikih moralnih osobina. Ako li neka ljubav, naprotiv, završi hladnom rečju, i još hladnijim davanjem ruke, ovo znači da je posredi ljubav koja je uvek bila bez sadržine i bez čovečnosti. Prave ljubavi zalaze kao sunce posle kakvog prazničkog i trijumfalnog dana, zahvatajući celo nebo, i obasjavajući celu zemlju: kao da se ta ljubav tek rađa, a ne da zamire. Brutalni rastanak nije najgori, nego je najgori rastanak nežan i pun promišljenih obzira, jer su to rastanci dvaju ljubavnih račundžija koji neće jedan drugom da poklone ni časak svog sopstvenog nespokojstva. I tako gorku suzu zameni slatka reč. Ovde se nameću čudni primeri naročito među ljubavima izvesnih velikih ljudi prema ženama.

Pesnici, i najveći, koji su pisali o ženama za kojima su ludovali, ostavili su nam poneke svoje prepiske sa tim ženama, prepiske uglavnom dosadne, bespredmetne, nezanimljive, bez stila, bez ubedljivosti. Oni su najčešće u tim svojim pismima nelogični i nerazgovetni. A nerazgovetni zato što se ljubav ne kazuje nego dokazuje, i što je ljubav iznad reči, i nema potrebu od reči. Koliko se dvoje većma vole, utoliko manje umeju da govore o svojoj ljubavi. A pesnici su u svojim izražavanjima bili brbljivi i bespredmetni. Gete, Igo, Bajron, i toliki drugi, ostavili su nam samo takva dosadna ljubavna pisma. Napoleon je pisao Žozefini kaplarskim sentimentalnim jezikom. Ruski car Nikola I je naredio da se posle Puškinove smrti sagori veći deo pesnikove prepiske, kako ne bi ostalo ništa što bi ovog velikog pesnika umanjilo pred potomstvom, nego samo ono što bi ga uzdizalo. Međutim, žene su, naprotiv, obično veliki majstori u pisanju pisama svojim ljubavnicima. Gospođica De Lespinas ima nekoliko velikih suparnica koje su i same ostavile svoje slavne prepiske na ljubavnom jeziku.

Ima žena koje nisu ničije, i žena koje su svačije, i najzad ima žena koje su po prirodi samo žene jednog jedinog čoveka. Ali ima i žena koje su pre svega majke svoje dece. Zamislite, dakle, koliko ima malo ljudi koji u svojim ljubomorama i ograničenom poznavanju ženskih karaktera umeju razaznati ove različite kategorije ženskih priroda! Pogodite između ovih koja je vaša, a koja vašeg neprijatelja, a koja je sposobna i da bude, u izvesnim slučajevima, i svačijom ženom! Utoliko, dakle, strašnija izgleda ljubomora čovekova ako ona ne pogodi prestupnicu, nego prijateljicu ili majku!

O SUJETI

Ljudi su većma vezani među sobom njihovim manama nego njihovim vrlinama. Zato je i sujeta jedan od prvih osnova na kojima počiva društvo. Sujetni ljudi najviše se sastaju i najviše se međusobno vezuju, iako takvi sastanci i takve veze nikad nisu ispunjene nikakvom ljubavlju prema nekom drugom, nego samo slabošću prema sebi. Čak je vrlo retko da se ljudi puno zbližuju po vrlinama, pošto vrline ne traže nikakvu ekspanziju, i dovoljne su same sebi. Ljudi se obično zbližavaju prema istim manama svoga karaktera, makar što bi se trebalo prema njima, naprotiv, jedan od drugoga odalečavati. Za mane bi se moglo reći sasvim protivno nego što se govori za vrline: mane nikad nisu same sebi dovoljne, i, za nesreću, traže ekspanziju. Tako čovek koji je naklonjen kocki, prvo će upoznati sve kockare u svom gradu, kao što će dobar naučnik upoznati najpre sve dobre naučnike, a dobar umetnik, sve dobre umetnike. Ženskaroši traže ženskaroše, koliko i same žene. Ogovarač traži one koji i sami vole ogovaranje i intrige. Stoga ako ljudi ne traže uvek sebi ravne, oni neizostavno uvek traže sebi slične.

Sujeta, koja je jedna krupna i fatalna pogreška čovekovog karaktera, najnespokojnija je i najaktivnija od ljudskih pogrešaka, a moglo bi se reći i da sujeta leži u centru sviju čovekovih mana, dok društvo uglavnom i pre svega, postoji za sujetu. Salon je veliko tržište ljudskih sujeta pre nego i poprište čovekoljublja, ili poprište utakmica u odlikama i takmičenja u dobrim namerama. Nikad čovek nema toliko na pameti da nešto važno ili dobro kaže drugim ljudima, koliko uvek ima na umu da sebe svakom predstavi važnijim nego što je u stvari. Sujetan čovek, to je onaj koji želi da sebi dadne izgled baš onakvog kakav nije: ne možda uvek ni boljeg ni lepšeg, nego najčešće samo drukčijeg nego kakav je on stvarno. Ovo je i stoga što niko nije do kraja sobom zadovoljan. Nema nikoga, ni najlepše žene niti najumnijeg čoveka, koji ne bi nešto na sebi preinačili kada bi to mogli. Čovek se brzo navikne na sve blagodati koje mu život donese, ali zatim ne uživa u sreći koja je već u njegovim rukama, nego odmah čezne za srećom uobraženom, koju smatra većom. Ako je čovek rođen melanholikom, to može biti stvar samog slučaja, ali je u životu čovek melanholik, a često i nesrećnik iz neke žalosne ali prirodne potrebe da sve umanji i unizi od onog što mu je Bog dao, i da svagda preuveliča cenu onog što nema. Neron je hteo da bude pesnik, a Kaligula pevač. I nekoliko je drugih najvećih kraljeva i vojskovođa uobražavalo da imaju još neku osobinu koju su želeli imati, a koju stvarno nisu imali. Ako i najhrabrijeg vojnika zapitate koliko ima rana na svom telu, on će ili skromno odgovoriti da nema nijednu, ili će reći da ima jednu ranu više nego što ima.

Samo ljudi izuzetnih vrlina ne jure za društvom, i mogu da žive usamljeni: ovi su svagda ljubomorni na svoju čistotu, i uvek dovoljni sami sebi. Poročni ljudi se naprotiv, i po pravilu, ne mogu, kao ni porok, osamiti. Heroj je usamljen, a nevaljao uvek traži jataka, kao što i čovek kukavica traži plačidruga. Stvarno, sujeta je većinom osobina plašljivog čoveka, pošto plašljivac ne može da živi nasamo: i to ne samo izoliran u samoći, nego ni izoliran u samoj istini. Plašljivac nije nikad u sebi, nego uvek napolju, naročito u rečima.

Među pticama je najsujetniji paun, a među ljudima Francuz. Mnogi ljudi su sujetni i onda kad su svesni svoje prave vrednosti, čak i onda kada znaju da su najumniji u svom društvu, ili najbolji u svom gradu. Francuz hoće da mu se plješka i kad je uveren u sebe većma nego u ma koga drugog. I Luj XIV i Viktor Igo bili su bolesnički sujetni. Srbin je sujetan samo u takmičenju s drugim Srbinom, a Grk u nadmudrivanju sa ženama.

Čovek ništa toliko ne premerava i ne prebrojava koliko samog sebe: a sebe meri ili prema drugom čoveku ili prema nekom uzoru na koji bi želeo da najviše liči. Viši čovek, naprotiv, ne meri sebe prema drugom, nego samo prema samom sebi: to jest prema tome da li je danas bolji nego juče, i da li je ove godine savršeniji nego što je bio prošle godine. U stvari, ovo i jeste najpouzdaniji način ne samo da čovek sebe pravilno odmeri nego i da postigne svoje usavršenje; jer ovakvim poređivanjem ne krnji ništa od svoje personalnosti, kao što bi se izvesno krnjio poredeći sebe s drugim ljudima.

Žene su uglavnom sujetne na svoju lepotu, mnogo više nego i na svoju dobrotu, a naročito mnogo više nego na svoju vrlinu. Ovo je stoga što je, odista, lepota glavno oružje kojim žena sve postiže u životu, i to postiže najlakše, i najbrže; jer je lepota neosporno magijska reč pred kojom se sva vrata širom otvaraju. Međutim, žena misli da je dobrota čini plitkom i naročito neotpornom i slabom, a za vrlinu misli da je to odlika koja je samo otuđuje od drugog sveta, naročito od ljudi.

Stvarno, sujeta je osećanje ženino više nego čovekovo. Ako je čovek sujetan, to je zato što i u njemu ima puno ženskosti, kao što je čovek najbolji sportista kad u njemu ima i najviše detinjastog. Jedino je žena u stanju da zbog sujete sve ostalo stavi na kocku: čast, porodicu, imanje, zdravlje. Više nego i spolna strast, sujeta za dopadanjem i osvajanjem jesu glavni povod propasti mnogih žena. I ljudi se služe sujetom ženinom, većma nego svojom snagom i lepotom, da neku ženu zadobiju za svoje prohteve i svoje obesti. Uopšte, nema žena skromnih. Ljudi, i kad su najbogatiji, često zažele da žive skromnim životom; a kad su i najpametniji žele da žive daleko od sveta. Kod žena su ovi slučajevi skoro isključeni. Ako ipak žena svog čoveka prati često i u skromnosti i u usamljenosti, to je obično po nevolji i iz poslušnosti, a ne po svojoj prirodi i volji. Inače, ako žena ima teške ogrlice od bisera ili dijamanata, nosila bi ih i dan i noć; a ako je ona i lepotica u telu, pokazivala bi se bez ustezanja gola celom svetu.

Velikaši koji vladaju državama obično istaknu svoju sujetu time što za svoje prijatelje traže najpre laskavce. Na njihovu nesreću, ovi laskavci zatim njima prvim zavladaju, čak zavladaju i kad takvi velikaši inače gospodare celim ostalim svetom. Laskavci su mnogim sujetnim velikašima došli glave. U ovom su i žene slične vlastodršcima: ni žene ne traže poštovaoce nego udvarače. Sujetan čovek ne traži da ga cenite nego da mu se dive; on nije, kao ni plašljivac, nikad u sebi nego uvek van sebe, i zato sav potčinjen drugima. Za vreme Luja XIV crkveni pisci su pisali da oni koji kralju laskaju, jesu stvarno izdajice kraljevstva; i da oni koji povlađuju kralju u njegovim lošim strastima služe samo za nesreću svog vladara. Istočni mudraci su savetovali svojim kraljevima drugovanje sa slavnim ljudima, jer ljudi koji već i sami imaju slavu među ljudima, nemaju potrebu da budu kraljevske ulizice. Takođe su isti mudraci savetovali kraljevima da ne pomažu ljude omrznute u narodu, pošto ovakva pomoć više škodi samom kralju nego što pomogne omrznutom. Zato odavno ljudi misle da za jednog pametnog kralja više vredi i ozbiljan protivnički napad nego nečija neozbiljna pohvala.

Sujetu nacionalnu zovu šovinizmom. Srbin je sujetan što je Srbin, Mađar što je Mađar, a Jevrejin što je Jevrejin. Francuz iako najveći čovekoljubac, smatra sve narode nižim od sebe, a mudri Englez smatra Francuza smešnim čovekom. Reč da neki čovek „izgleda kao Francuz", jeste najpakosnija engleska reč. A jedini narod koji danas sebe smatra izabranim, i koji je čak o tome već napisao čitavu literaturu, to su Nemci, koji nemaju osećanje smešnog.

Svaki čovek, uglavnom, dobro i sâm znade koliko zapravo ima snage, znanja ili vrlina. Čak i kada se pravi da je bolji nego što jeste. On retko vara sebe, i kad obmanjuje sve druge ljude. Čovek zna dobro po jednom unutrašnjem tačnom merilu koliko vredi i koliko može; i to zna tačno i do kraja, kao što zna već odoka koliko metara može skočiti na poljani, ili koliko može kilograma na leđima poneti; jer je osećanje mere uopšte urođeno, kao što je urođen i sluh i vid. Jedino sebe samog čovek vara u tome što ne dostiže sopstvenom pameću da shvati koliko je još ostalo znanja i drugih blagodeti van njegovog domašaja, niti da oceni koliko su opsežne dobre osobine drugih ljudi. Prema tome, čovek ne greši nikad u odnosu prema sebi, nego samo u poređenju prema onome što stoji izvan njega. Drugim rečima: kad se neko izdaje za ono što nije, on nije sâm u to uveren, nego je varalica. Često i razlog njegove preterane sujete prema drugima dolazi od njegovog straha od drugih ljudi.

Naročito vrlo malo naduvenih ljudi iskreno misle o sebi da su odista gospoda, ako to odista nisu. U tom pogledu mnogi ljudi glume, često celog života kao na daskama. Sujeta je ipak često i jedna zabluda u kojoj sâm čovek drži samog sebe, ne poznavajući vrednost drugih ljudi. Ali sujeta je često i najbliža laži. Sujetan čovek je stvarno jedan veliki lažov, bilo u odnosu prema drugim ljudima, bilo u odnosu prema sebi samom.

Sujeta umanji velikog čoveka, a malog čoveka unakazi. Sujeta je i jedno osećanje slabih ljudi, pošto se oni uvek boje nadmoćnosti, što bi značilo i da sujeta i malodušnost idu naporedo. Najzad, ovo znači i da sujeta stoji većma u vezi s čovekovim karakterom nego s čovekovim intelektom. Sujeta je i zato mnogo češća kod staraca nego kod mladića. Sofokle je u svojoj dvadeset osmoj godini pobedio jednom svojom dramom na utakmici u atinskom pozorištu staroga pesnika Eshila, a slavni se starac posle toga odselio tužan iz Atine na Siciliju. Tako je i stari Volter mrzeo Šekspira i Tasa, bojeći se da ga prvi ne nadmašuje kao dramatičara, a drugi kao pisca eposa *Anrijade*. Ni najveći heroji nisu mogli izbeći sujetu. Došavši s vojskom do na izvor samog Inda, Aleksandar se onde žalio koliko je sebi jada napravio samo iz sujete da bi se dopao Atinjanima. Sujetnom čoveku je Bog oduzeo najveće dobro: spokojstvo. Jer spokojstvo se jedino postiže samoodricanjem, bežanjem od samog sebe, pribegavanjem nečem višem nego što smo mi sami.

Pravi velikani su obično bili skromni. Ariosto je davao savete Rafaelu za njegovu sliku *Parnas* u Vatikanu i ovaj to rado primao; a Rasin je bio srećan što je mogao da svoja dela čita Boalou. Drugi su veliki ljudi bili sujetni čak na potpuno ženski način, kao francuski pesnik Malerb, koji je verovao da sve što napiše prevazilazi ma šta drugo što je na svetu napisano; ili Oskar Vajld, koji je sâm za sebe napisao kako misli da sve što je iz njegovog pera izišlo, jeste savršeno novo i neobično, govoreći kako je ponosit što i najmanji čovek u njegovoj zemlji zna za njegovo veliko ime. Mnogi pisci su opet bili u mladosti vrlo skromni, bar prema svojim prethodnicima, a docnije, naprotiv, dosta naduveni. U mladosti je Lamartin govorio kako bi želeo pisati kao Ruso, a Viktor Igo je takođe u mladosti za sebe govorio: „Šatobrijan ili ništa".

Sujetan čovek ne može da izbegne sudbinu ni žalosnog ni smešnog, ma koliko da nema nijednog čoveka koji ne živi bar u nekoj sujeti i zabludi o samom sebi. Kaligula je, postavši carem, poverovao da je postao Bogom, i napravio sebi hram na Palatinu, i u tom hramu čak sâm sebi služio službu, i prinosio žrtve. Sujeta je neosporno jedna forma ludila, pošto je često vladala čak i celim narodima. Tako su Egipćani sebe smatrali za izabrani narod, kao što su to zatim uradili Jevreji, a kao što to i danas nekoliko naroda evropskih drže za sebe. Međutim, oba ova stara naroda, i Egipćani i Jevreji, propali su najpre stoga što su sami sebe izdvajali iz zajednice ljudske. Ovu zajednicu među ljudima su, stvarno, prvi propovedali hrišćani, i baš ova ideja o čovečanskoj zajednici bila je glavni razlog uspeha hrišćanstva. I Grci su sebe smatrali izabranim, istina, samo što su se smatrali najprosvećenijim; međutim, Jevreji su smatrali svoju *Bibliju* jedinom istinom. Za Egipćane, opet, takođe vrlo verski fanatične, svaki je stranac bio nečist, i najzad, za Rimljane je bio nekulturan ko god nije znao za njihove državne zakone. Koji je god narod sebe ma na koji način ovako usamio, on je i sâm sebe najzad isključio iz života i najzad bio pregažen. Ovo isto važi uglavnom za pojedine ljude koji boluju od sujete. Sujetan čovek je na svakom mestu jedan tužni samotnik.

O STRAHU

Jedni su pisci tvrdili da je čoveku urođena dobrota, a drugi da je čoveku urođena zloća. Međutim, izgleda da je čoveku urođeno jedno jedino osećanje, a to je strah od života. Čovek se na ovom svetu boji svega, i velikog i malog, insekta koliko i lava, zlih reči koliko i zlih bolesti, hladnoće koliko i vrućine, starosti koliko i sirotinje. On se boji ući u pustu šumu, i ostati u praznoj sobi. Čovek je zbog toga straha rođen nezadovoljnim i melanholičnim. A postao je i prestravljenim od onog trenutka kada je opazio da je okružen životinjama jačim od sebe, među kojima on jedini nema ni njihov oklop, ni njihove rogove, ni njihove krupne zube, ni njihove strašne kandže, a da je na zimi bez toplog krzna, i da je mekog trbuha.

Zato i danas sve što čoveka premaša, njega prirodno i užasava. On voli vlast, ali zato da bi on vladao drugim, a ne drugi njime; i on poštuje zakone, ali ne zato što oni oličavaju ideal harmonije i pravde, nego pre svega što njega samog brane od jačega i lukavijeg nego što je on sâm. U svakoj čovekovoj hrabrosti ima pola straha.

Međutim, od svega na svetu čovek se najvećma boji drugog čoveka. Dovoljno je da noću vidi iznenadno na zidu ulice senku drugog čoveka, pa da premre od straha. On se plaši i kakvog nepoznatog glasa u šumi, i nečijeg koraka u sporednoj sobi. Čovek se boji čak i čoveka slabijeg od sebe, i nepametnijeg od sebe. Plaši se i nečije pretnje, i kad unapred zna da je ona neostvarljiva. On je večito na oprezi, čak većma nego i ma koja druga životinja, kao da odista uvek postoji neko koji i dan i noć samo radi o njegovoj propasti. Svako zato krije od drugih ljudi svoju tajnu, i niko ne veruje da je dovoljno zaključao sve svoje brave.

Sve se drugo menjalo u duhu čovekovom, ali ovo stanje straha je ostalo nepromenljivo, i samo je čovekov strah sve više rastao vremenom i čovekovim razvitkom. Kao pećinski čovek, osetivši da su sve druge životinje bile oružanije od njega, i danas se čovek u prirodi oseća tako isto slabim, ako ne slabijim. Makar i bio prvi put oružaniji od sviju drugih životinja, čovek ipak ne veruje da je oružaniji i od kakvog drugog čoveka. Naročito mu tuđe lukavstvo zadaje strah, bojeći se zamke i spletke. Zbog ovoga čovek vidi neprijatelja i onde gde on ne postoji. I zbog ovog, njegov život postane tegoban i onda kad inače kroz njegov život teče, kao Nil kroz Misir, reka radosti koja oživljava i rascvetava sve po njegovim putevima.

Taj strah od života, urođen čoveku, ili bar nasleđen od njegovog prvog pretka, prestravljenog u planini ili pored reke, jeste i glavni izvor čovekovih zločina. Niko ne ume za sebe tačno proveriti da li je voljen ili omrznut među drugim ljudima, a zbog toga se i najmudriji čovek povede za prvom pretpostavkom, i pođe za prvim utiskom straha. A strah zaluđuje i pomućuje. Stoga je čovek jedina životinja koja napada i kad ne misli da je ugrožena; a mrzi i voli bez povoda i razloga. Zna se da ni nečiji najveći poroci nisu dovoljni da nekog omrznemo, ili nečije najveće zasluge da ga zavolimo. Čak često mrzimo baš najpoštenije, a nerado slušamo i najpametnije. Pošto tako leži u čovekovoj prirodi da i voli i mrzi bez razloga, on je na taj način ostao i bez merila i bez načela a zbog svega toga sapleten i poremećen u svima svojim opredeljenjima. On je stalno igračka svoje strasti koja ga samo slabi, a nikad nije gospodar razuma koji bi ga hrabro vodio pravim putem. Zbog te pometnje, čovek je po prirodi pun zluradosti i uveren da je, ako zlo pogodi drugoga, sâm izbegao nešto od kakvog zla koje mu je pretilo.

Zato se ljudi nikad ne trgnu ako kažete za nekog da ima puno svojih mana, ali se uvek zainteresuju ako kažete da neko ima jednu manu. Svako pritrči da čuje kakva je to jedna mana; jer čovek koji ima jednu manu, slabiji je od čoveka koji ih ima stotinu. Istina, događa se i da često nekog zavolimo baš zbog te njegove glavne mane, ali i da drugog omrznemo i zbog njegove glavne vrline. Uostalom, jedna mana i jedna vrlina, to i jeste skoro sve što čini sadržinu čovekove ličnosti. Samo nešto što je jedno, može stvarno značiti i nečim centralnim. Tako na primer za Platona imamo na umu da je bio veliki mudrac, a ne i apolonski lep i kraljevskog porekla, makar što je bio i ovo oboje drugo; a za Voltera da je bio veliki pisac, a ne i velika cicija, kakav je bio poznat; i najzad, za Napoleona, da je bio hrabar vojnik, a ne i čuveni slabić među ženama.

Pravo je čudo kako antički pisci uopšte ne pominju neke epidemije i druge telesne nesreće koje su postojale u njihova vremena, a, međutim, pominju sve duhovne poroke i pogreške karaktera od kojih ljudi i danas stradaju: naime, svi oni pišu o mržnji, zavisti, zluradosti, cicijaštvu, osvetoljubivosti i ljubomori. Ima i slučajeva da je i sâm jedan pisac o svima ovim ljudskim lošim strastima govorio u isto vreme. Sâm pesnik Ovidije govori o zavisti u Aglauri, o neredima strasti u Miri i Ciniri, o ljubomori u Kefali i Proklu, o mržnji u Meadi koja razdire Panteju, i o zloći Medeje kada je Jason napustio. Sve su ove strasti antičkog čoveka i drugi stari pisci slikali načinom kako ih i mi danas opisujemo, odnosno kako ih i sami vidimo u prirodi. Ovo odista znači da čovek menja kroz istoriju samo telesne bolesti, koje se i ne pamte i ne beleže, ali da je čovek ostao nemenljiv u svojim duhovnim i duševnim pogreškama, povodima tolikih čovekovih nesreća.

Možda se još najmanje menja čovekova ljubav za spletku i njegov ukus za ogovaranje. Niko nije izbegao slabosti da rado sluša spletku, ili da je i sâm pravi. Ni atinski mudraci nisu u tom pogledu bili bolji od nas. Naime, svako je u staroj Atini znao da je Aristotel bio najveći grčki filozof, ali su njegovi savremenici rado isticali da je Aristotel bio stasom malen, ćelav, mutav, proždrljiv, i uvek u društvu kurtizana. Voltera su prebijali na mrtvo ime zbog njegovog gadnog jezika. Njegov prijatelj Fridrih Veliki i sâm se tužio na svoj sopstveni zao jezik, govoreći da mu je on mnogo škodio, ali dodajući i da mu je takva njegova sopstvena pakost ipak pribavljala puno uživanja.

Čovekov strah od života je toliki da bi od tog straha i umro, kad mu ne bi bio istovremeno isto toliko urođen, i njegov optimizam i volja za život. Čovekova isto ovoliko moćna ljubav za život i ljubav za stvari, dve impulsije neprestano žive u čoveku, pokazuju da kad njih ne bi bilo, čovek bi otišao u očajanje i ludilo. Kada čovek ne bi verovao i u nešto drugo i jače od samog sebe, bez tog optimizma ne bi nikad ništa ni počinjao. Čovek tako veruje u Boga, u slučaj, u pravdu, u svoju sreću, u tuđu nesreću. Da vojnici unapred ovako slepo i ludo ne veruju da će pobediti u boju, ništa ih ne bi moglo naterati da uđu u vatru; a da svaki od njih ne veruje i da će smrt izbeći njega a druge mesto njega oboriti, nikad ih nikakav čovek ne bi naterao da pođu napred.

Osim toga, kao što čovek prirodno veruje da će ipak druge ljude u borbi nadbiti, isto tako uvek veruje i da će druge nadmudriti. Stoga niko ne bi svoju pamet menjao ni s najmudrijim čovekom, pošto niko za sebe ne veruje da je glup, kao što niko za sebe ne smatra ni da je ružan, ni da je rđav, čak ni da je plašljiv. Za svaki svoj nedostatak, čovek uvek ima jedno istinito ili uobraženo opravdanje, koje njegov duh podigne do utehe, i do satisfakcije, a čak i do lične pohvale. Ako je glup, on veruje da je drugi gluplji; ako je ružan, veruje da je ipak privlačan; ako je nepošten, veruje da je takav samo stoga da bi sprečio druge da budu još nevaljaliji; a ako je plašljiv, veruje da je samo oprezniji od drugih. Čak i filozofi pesimisti, kao ružni Šopenhauer, bili su sujetni na svoju lepotu. Stendal s velikim trbuhom i kratkim nogama, verovao je da je lep zato što je bar imao lepe ruke i lepe zube, govoreći da čovek s lepim zubima i s lepim rukama ne može uopšte nikad biti ružan. Stvarno, čovek je svoje dobro sam izmislio; a izmišljajući sve svoje osobine prema onome što je sâm želeo u životu imati, on nikad nije ni umeo razaznati do kraja kakav jeste u stvari. A naročito kakav drugima izgleda. U ovom je pogledu čovek savršeno istovetan ženi.

Nikad ne poznajući dovoljno samog sebe, čak često ni onoliko koliko poznaje ostale ljude, čovek se nalazi okružen nebrojenim strahovanjima, pošto usled ovog poveruje da ga uvek njegove opasnosti odista premašaju. Čoveka naročito zbunjuje što se svuda nalazi s ljudima koji mu izgledaju drukčiji nego on, i što ni dva glasa čovečja ne liče jedan na drugi. Svakog zbunjuje to što su ljudi toliko različni po njihovim navikama i ukusima, i to po načinima i ukusima više nego i po idejama. Kada bi odista najlepša žena bila za svakog podjednako najlepša, zbog nje bi izbio novi Trojanski rat; a kad bi najumniji čovek svima izgledao neosporno najpametniji, ljudi bi ga isti čas ili proglasili kraljem ili mu sudili, kao Sokratu. Iz raznih ukusa dolaze za polovinu i razlike u idejama. Čovek je možda rođen pametan, ali izvesno, nikad do kraja u nešto uveren. Ljudi su uvek različni baš onoliko za koliko su ideje uvek istovetne.

Možda je prava sreća što pojedini ljudi ne znaju kako o njima misli ostali svet. Čovek živi celog života i u obmanama o sebi, i u predrasudama o drugima, a to možda čini sumu njegove sreće na ovoj zemlji. Jedan veliki deo sveta živi na taj način spokojno u svojoj laži kao svilena buba u svojoj svilenoj čauri. Pesnik Sofokle kaže u jednoj svojoj drami da se sreća i nalazi u odsustvu razuma; a jedan docniji mudrac, humanista Erazmo, ide još i dalje: on tvrdi da nema čovečje sreće bez čovečjeg ludila; i da su baš ludilom često ljudi postigli veće ciljeve negoli svojom pameću.

Svakako, najveća zla urade ljudi ne iz ljubavi za zlo, nego samo zbog straha od života; drugim rečima: više naših pogrešaka dolazi od straha nego od gluposti. Dokazi su mnogobrojna naša kajanja, i naše česte griže savesti. Svaki je čovek po prirodi lud, ali, izvesno, svaki čovek nije po prirodi zao. On je, kako rekosmo, samo po prirodi plašljiv. Ali pošto ljudi po prirodi mrze onog kojeg se boje, znači da je heroj, jedini koji se nikog ne boji, zato i jedini koji nikog ne mrzi. Heroj mesto mržnje može da nosi preziranje, znači jedno osećanje viših i boljih među ljudima; a isto tako znači i da je plašljivac jedini prirodno rđav, pošto je nesposoban da prezire. Istina, hrišćanstvo ne dozvoljava ni preziranje, kao što ne dozvoljava ni mržnju. Prema tome, religija ljubavi osuđuje podjednako i mržnju i preziranje. Ali pošto heroj nikad ne ide za tim da drugom učini zlo u svom preziranju, kao što uradi zlo plašljivac u svojoj mržnji, znači da je preziranje ipak jedno plemenito i više osećanje. Samo čisti mogu da preziru.

Čovekovo urođeno ludilo, koje se suzbija jedino verom i kulturom, izlazi iz svake krajnosti u koju on ode: tako je čovek lud kad odveć pije, ili odveć govori, ili odveć puši, ili odveć jede, ili odveć radi. Svaki je čovekov napon strasti jedna mera njegovog ludila. Čovek je naročito lud u srdnji. Stari Grci su prekidali sednicu svoje Skupštine čim bi neki govornik prešao u ljutnju, jer su ga zbog toga nastupa smatrali u stanju ludila. Međutim, najbolje ćete čoveka ceniti po onome što on uradi baš slučajno i nesvesno, a ne po onom što uradi razmišljeno i namerno. Jer da kažemo u paradoksu: slepa priroda jeste jedina vidoviti razum. Čovek radeći samo po instinktu, radi sledstveno svojoj prirodi. Instinkt, to znači priroda definisana i moral opredeljen. Samo idući za slepim nagonima, čovek odista ide za samim sobom; a, naprotiv, idući za razumom, on ide za izvesnim opštim principima, što u najviše slučajeva znači da ide za tuđom prirodom a ne za svojom glavom. Moglo bi se stoga reći: slučajnost, to su božje pojave u čovekovoj prirodi.

U svom strahu od života, čovek ide često za izvesnim idejama, čak i kad su nepomirljive među sobom. Živeći u samim protivurečnostima, on i prirodno ide za mnogim idejama nelogičnim. Iako izgleda da čovek ne razabira jasno pravac kojim ide, ipak taj pravac često pogodi, katkad i s velikom preciznošću. Na jednom mestu Leonardo da Vinči kaže kako nema ničeg u razumu što pre nije bilo u srcu, i da je stoga čovek uvek svestan zašto nešto voli a zbog čega nešto mrzi. Isto tako, možda podsvesno, zna i kuda treba ići kad i ne vidi jasan put. Znači protivno od onog što kaže Paskal, govoreći o osećanjima, da srce ima svoje razloge koje razum ne razume. Međutim, ljudi su u stvarima srca poverovali obojim od ova dva protivurečna gledišta. Oni pretpostavljaju izvesne protivurečnosti i samim načelima koja su odveć ubedljiva, zato što je u životu više protivurečnosti negoli logike.

Kaže se da vrana vrani oči ne vadi, i to ljudi smatraju istinom; ali se kaže i protivno: da zmija zmiju jede, što se takođe smatra istinom. Znači da u strahu od života, čovek luta kroz protivurečnosti do kraja svog veka. Uopšte, čovek je lakom na gotova tuđa mišljenja, dobra ili loša, svejedno; jer čovek po prirodi inertan i bolesnički lenj, i nikad ne bi ništa uradio kad na to ne bi nekim razlogom bio nateran, pa nerado trlja glavu da sebi sve sâm objasni. Dve trećine čovekove pameti sastoji se od takvih već gotovih tuđih mišljenja i uverenja, navika i ambicija, koje su postale već nekom javnom svojinom kao drum ili park, tako da čovek nikad ne vidi šta je u njemu odista njegovog sopstvenog, a šta je prisvojio od tog opšteg i svačijeg. I sva ljudska istorija sagrađena je na tim protivurečnostima, da uvek tražimo da neko drugi (lica, društvo, država) brine našu glavnu brigu. Na zabludama, na maštama, na sujetama, na neistinama, počiva i pola celokupnog života ljudskog. Niko nije kovač ni svoje sreće ni svoje nesreće.

Nemogućno je izricati pravo suđenje o ljudima i događajima iz daleke prošlosti, zbog čega i ljudska povest sve većma uzima samo izgled romana o ljudima. Magbet, koji je bio savršen vladar, naslikan je kao zločinac; a Lukrecija Bordžija, najbolja supruga i majka, naslikana je najstrašnijom vešticom i ubicom. Sve je na svetu iskovano u ognju strasti, a to znači u ludilu, pošto sve ono što je mogućno, čovek smatra i verovatnim, a najzad i stvarnim. Lakoumnost leži u osnovi razmišljanja ponekad i najpametnijih. Čovek nema samo smrtni strah od drugih ljudi nego i od istina, ako mu nisu prijatne. Ovako zbunjen i izgubljen, čovek postaje prestravljenim očajnikom, i zato zlobnim.

Čini mi se da je Muhamed rekao u svojoj knjizi da nema nijedne tvrdnje koja se drugom tvrdnjom ne daje oboriti. Ovakva jedna slobodna ideja odista visoko uzdiže arapskog proroka. Međutim, jedan evropski filozof kaže sasvim obratno: da je velika misao samo ona koja se protivnom tvrdnjom ne daje pokolebati. Ja pak verujem da nikad jedna istina ne može biti potpunom istinom za sve ljude, tako različne po duhu, po duši, i po strastima i sklonostima. U velikim stvarima života ljudi čak idu više i za tuđim navikama, nego za svojom prirodom. Uopšte, čovek strahuje od toga da ikad bude u nešto potpuno uverenim, kao i u nešto potpuno neuverenim, znajući da se principima robuje dublje i tegobnije negoli ljudima. Zato su i najveći duhovi padali iz krajnosti u krajnost.

Ova nemoć i strah od istine dolaze jedino iz čovekovog straha pred životom. Stvarno, i cela filozofija se deli samo na dva protivna gledišta: spiritualizam i materijalizam, dve protivne i protivurečne tvrdnje o jednom istom problemu.

Po prirodi ovako neuravnotežen i lud, čovek je ispunio svoj život nebrojenim strahovanjima, tako da je on oslobođen ove panike samo u kratkim intervalima između tih strahovanja. Ja ipak verujem da sva naša nesreća ne dolazi od drugih ljudi; i da se treba bojati više komaraca noću nego ljudi danju; ali, naprotiv, verujem da sve nesreće čovekove dolaze samo od njegovih lutanja i straha.

Strah je inače, uglavnom, proizvod čovekove mašte koja je uvek jedno bolesno stanje duha. U neprestanom maštanju i strahovanjima od svega oko nas, mi doživimo više nego što doživimo u stvarnosti, i to kroz ceo dugi čovečji život. Najveći deo naših nesreća bile su zato čisto imaginarne ili bezmerno preterivane; a čitave katastrofe kojih ste se bojali da ih ne doživite, nikad niste ni doživeli. Zbog tog imaginarnog sveta, naš život izgleda načinjen od hiljadu života, a naša sudbina od hiljadu sudbina. Mašta izvrće čak i naše prirodne duhovne osobine. I kad smo najbolji, mi u svojoj mašti često počinimo najveća bezakonja i prava čuda: zaklali smo nekog svog neprijatelja, pootimali drugima njihove žene, zapalili nečiju državu. Mi smo možda već po prirodi sviju bića na zemlji, i u dubini svojoj, prestupnici koliko i čistunci, zločinci koliko i heroji, lakrdijaši koliko i mudraci. Najjači je zato onaj čovek koji uspe da pobedi sebe a ne druge; a najbogatiji je onaj koji se bez lutanja više šeta u dvorani svoje sopstvene prirode, nego na kraljevskim stepenicama. Uostalom, samo udubljivanjem u svoju ličnost, čovek uspe da bolje pozna i prirodu drugih ljudi, i odmeri svoje odnose prema stvarima, i, najzad, da bar donekle potisne iz sebe naš urođeni mračni strah od života. Što čovek duže vremena živi u društvu, on sve više živi u strahu; i osamiti se, to znači, u mnogom pogledu, lečiti se od straha. Usamljen čovek je jedini čovek oslobođen; i samoća je jedino mesto gde se ne strahuje. Usamljen čovek se i najmanje boji gubitaka, pošto usamljeniku najmanje treba. Pećinski čovek se jedino bojao jače životinje nego što je on, dok današnji društveni čovek živi u strahu od hiljadu priviđenja. Uglavnom, izvor sve njegove bede na zemlji, jeste strah više od priviđanja nego strah od stvarnih mogućnosti.

Čovekov strah, prema tome, dolazi otud što on odveć često pomišlja na mogućnost u kojima bi i Herkul postao neotporan i bespomoćan. Jedino je ovaj strah razumljiv kad se tiče njegove bolesti ili njegove starosti. Ove dve bede koje čovek retko izbegne, čine glavni izvor straha i najveću čovekovu tragediju na zemlji. Međutim, ima puno ljudi koji skoro nikad ne dožive kakvu tešku bolest a još više njih ne dožive ni starost. Nesreće su zato vrlo retke, bar mnogo ređe nego što se misli, i zato je strah od nesreća veća beda negoli prave ljudske katastrofe, i mnogobrojniji negoli naši neprijatelji. A strah, kao izvor mržnje, jeste kob koju možda ništa ne prevazilazi. Strahovati, to znači umirati po sto puta dnevno.

O RAZOČARANJU

Mnogi ljudi imaju osećanje da su u životu bili više puta razočarani negoli očarani. Čak ljudi uopšte izgledaju rođeni sa izvesnim neraspoloženjem prema životu. Oni celog veka gledaju s tugom na ono što je prošlo, i sa strahom prema onom što će doći, a oba su ova osećanja tegobna. Još i postoje neke vedre ideje o životu dok smo u mladosti, koja je sama po sebi radosno pijanstvo mašte, nerava, spola, mozga; a postoji u mladosti čak i iluzija opšta i sveobimna: samo mladi veruju da je ceo život lep i svi ljudi dobri. Docnije, svakih novih deset godina, čovek počinje sve u životu postupno menjati: ideje, odela, vrste zabava, vrste žena, voleći s vremenom što ranije nije ni podnosio. Čovek je uglavnom podeljen na decenije po puno svojih strasti, ukusa i navika. Međutim, opšta ideja o životu koju niko nema, tegobna ili vedra, ipak nije zavisna ni od dužine njegovog veka, ni od širine njegovog iskustva. Ta ideja je skoro uvek melanholična. Čovek ne prestaje i da kroz sva svoja doba i sve svoje promene, smatra ljudski život tegobom i iskušenjem. Ima i nekoliko religija koje su propovedale kako je život jedna kazna nad čovekom. Hrišćanstvo ga čak smatra ispaštanjem praotačkog greha.

Prvo što čoveka ozlovolji prema životu, to je nesumnjivo njegova borba za opstanak. To bi značilo da čoveka najpre ozlovolji prema životu rad koji je u najviše slučajeva naporan, često i veoma mučan, a nešto izvan čovekovog instinkta, i protiv instinkta. Kad ljudi ne bi morali gladovati ne radeći, nikad se ne bi prihvatili posla. Divljaci u šumi ne rade nego samo love, kao i životinje, jedino zato da ne bi umrli od gladi. Samo je s civilizacijom rad postao poštovanim, čak smatran i sveštenim; a u Italiji svaki rad smatraju umetnošću; „Lavoro" i „Lauri", to su dve reči koje idu zajedno. Drugo, čoveka ozlovolji prema životu njegovo osećanje da je sve prolazno, a, prema tome, i sve besciljno. Odista, sve što čovek uradi, to vremenom sâm pojede ili sâm poobara; a svako zna da sve što su jedni pre nas uradili, drugi su to docnije oporekli ili poništili. Ni želja za novim, koja bi izgledala nagonskom, nije drugo nego, naprotiv, proizvod istorijski. Znači izgrađivanje ukusa i navika, a ne nagon. Pre svega, ukus da sve ranije smatra pogrešnim, a sve novo dobrim. Uglavnom, ukus za novim dolazi iz dosade, i po mržnji za tuđe delo. Treće: čoveka ozlovolji prema životu njegov strah od smrti, od bolesti, od sirotinje, od starosti, od ljudi, od životinja.

Zbog ova tri glavna povoda za razočaranje, a često i za očajanje, časovi pravog čovečjeg spokojstva, samopouzdanja i optimizma, izgledaju malene i retke oaze u velikoj pustinji čovekovog života. I kod najvećih ljudi, kod onih koji su najviše postigli svojim genijem ili svojom hrabrošću, postojali su časovi ovakvog urođenog razočaranja koji su kod nekih išli do očajanja. Niko nije sebe držao potpuno srećnim zato što je nešto veliko ostvario, čak se nije osećao stoga ni dovoljno zadovoljnim. Ipak najbolnije čovekovo razočaranje, to je kad izgubi veru u svoje sopstveno delo. I sâm Hristos, govoreći kako je uveren da je on lično video istinu, a to znači poznao Boga, isticao je kako nije uveren da je uspeo naučiti i druge da bi i oni Boga prepoznali. Posle ovog, Hristos je umro u očajanju. Dante je hteo u jednom trenutku razočaranja da baci u vatru rukopis svoje *Komedije*, koju su ljudi nazvali docnije *Božanstvenom*. Napoleon je posle poraza kod Lajpciga popio otrov, kao što je tako uradio i posle Vaterloa, verujući da je izgubio bitke protiv Evrope, i posle toga postao na svetu izlišnim.

Velika je nesreća što se drugi ljudi upinju da i najbolje među nama uvere kako ih smatraju najgorim, i kako je njihova zasluga tašta, a njihovo delo bez vrednosti; ali je još žalosnije što i najbolji među tvorcima ponekad poveruju u takve tuđe reči brže nego i u svoju istinu. I najvećim duhovima je teško u ma šta verovati bez svake rezerve, pa i u same sebe. Gete je s bolom govorio kako od stvorenja sveta nije našao nijednu religiju kojoj bi prišao celom dušom. Odista, naći svoju religiju, to ne bi značilo samo naći svoje spasenje na onom drugom svetu, nego pre svega biti spasen na ovome. Čovek kao Gete nije se ni mogao osećati srećnim, ako u svojoj sreći nije osećao prisustvo božje.

Verujem i da niko drugi na svetu nije bio ispunjen punim spokojstvom, ako nije pre svega bio ispunjen i osećanjem verskim. Ništa ne može stati nasuprot urođenom čovekovom očajanju, osim ideja o Bogu. Najlakše živi na zemlji onaj čovek koji veruje u iluziju versku, a možda takav čovek najlakše i umire, čak i kad se smatra grešnikom, pošto pravi vernik veruje da hrišćanski Bog ne samo sudi nego i prašta. U neprestanom vrtlogu sumnja i slutnja, u panici koja je urođena čoveku i kad je heroj — pošto niko nije heroj na celoj liniji — versko osećanje je jedini prozorčić na koji ulazi svetlost u čovekovu tamnicu. Iluzija ili istina, Bog hrišćanski, princip nematerijalistički i moralni, to je nesumnjivo i nešto najviše za šta se čovek može da uhvati u času kad ga tlo pod nogama izneveri. Pobožan čovek nije nikad sâm ni u praznoj sobi, ni u pustinji, ni u tamnici, ni na dasci polomljenog broda na pučini. Stari Grci do petog veka su imali veru materijalističku, obučenu u raskošne bajke; ali je zatim, sa sektom orfista, grčki svet poverovao u determinizam, što znači u božansko razlikovanje dobra i zla, i to ne više samo determinizam u kosmosu nego i predodređenost u bednoj sudbini čovekovoj. Veliko je pitanje da li mi imamo odista tačnu ideju o takozvanoj paganskoj radosti. Nikad ni stoička ideja o dužnosti nije možda mogla dati čoveku radost koju mu je zatim dala hrišćanska ideja o božjem prisustvu na svakom mestu. Stoga jedini hrišćanski Bog jeste odista bog oslobodilac sviju očajnika.

Ka razočaranju su skloni ljudi prema njihovom temperamentu, a ne prema njihovom intelektu; jer je razočaranje uvek bliže krvi i osećanju nego duhu i pameti. Ovo se najbolje vidi kod zaljubljenih, koji nikad ne znaju ni zašto su očarani, ni zašto su razočarani, jer zaljubljenici žive u bolesnom naponu mašte i potpunoj razuzdanosti nerava. Neosporno, po svojoj prirodi i po svojoj krvi jedan je čovek sklon vedrini, a drugi je čovek sklon tuzi; jer stvarno, ljudi se rađaju ili samo optimisti ili samo pesimisti. Naše vaspitanje i mudrovanje često nas uzdignu i osnaže, ali često i obore i slome. U bitnosti, duša čovekova je najmanje promenljiva, dok je duh uvek u promenama, čak i protivurečnim. Obično se misli da su po krvi vatreniji i vedriji južnjaci koji žive na suncu, nego severnjaci koji žive pod niskim nebom i bez sunca. Ali ovo nije ničim dokazano, i zato je tačno samo donekle. Razočaranje je stoga rašireno po celom svetu. U Petrogradu se živelo radosnije nego u Napulju jednog istog vremena. Eskimljani su veseliji nego Egipćani. Španski pisac Unamuno napisao je jednu lepu knjigu *O tragičnom osećanju života* kod španskog čoveka. Odista, Španjolac ne ume biti srećnim, niti uopšte ima smisla za sreću, i pored svog afričkog sunca i svojih okeanskih zvezda. Kad je Španija bila i najveća i najbogatija, Španac je bio najtragičniji, a čak i najubogiji. On je to osećanje urođene tuge izražavao i u svojoj crkvi i veri koje su hladne i jezive, i u muzici koja je bolna, u plesu koji je plah ali zagonetan, i vatren ali tužan, najzad i u svom slikarstvu koje je tragično, i u istoriji svoje države, gde je sve gledano bez ushićenja. Ceremonije su zamenjivale radost, a pompeznost je zamenjivala ljubav i ushićenje. Španac nikad nije stvorio salon, ni sagradio kakva javna mesta za svoj narod, nego je sve uradio samo za svoje kraljeve i za svoje kaluđere. Po ideji o životu i o sreći, u Španiji nema ničeg bliskog ni latinskoj Francuskoj ni latinskoj Italiji. Afričko špansko nebo više sagoreva nego ozarava, a špansko tlo i samo izgleda samo nastavak afričke pustinje. Istina, ako je i Petrograd nekad bio veseo, Rusija je takođe oduvek bila najpre zemlja melanholije. Postoji onamo verzija o „ruskoj rani", bolnoj rani s kojom već dođe na svet svaki čovek ove slovenske matice. Sva je ruska muzika tužna, a sva književnost plačevna. Možda je još Francuz jedini uspeo da održi ravnotežu između sreće i bola, i to uspeo svojom životnom mudrošću koliko i suhoćom svoje mašte. Čak možda i njegovom površnošću ideje o punoj sreći. Francuz je najmanje čovek nostalgije i utopije.

A pošto razočaranje, o kojem je ovde reč, nije toliko stvar uverenja koliko stvar osećanja, ono je zato najčešće i znak slabosti karaktera. Jaki karakteri nisu uopšte skloni razočaranju; oni ne veruju lako da se mogu prevariti u svojim mišljenjima, niti da ih drugi mogu zavesti, ili nadbiti. Jaki ljudi uvek veruju u svoju sreću većma nego u tuđu. Ima stoga i takvih ljudi među njima koji veruju da ni smrt neće na njih da naiđe običnim ljudskim slučajem, i da ih u ratu metak puščani ne bije i ne pogađa. Takvi su ljudi često jači nego i sile u prirodi: ne boje se ni vode, ni vazduha, ni vatre. Takav vas čovek zapita: „Vidite li onu zvezdu?" „Ne vidim." „E, ja je vidim, a to je glavno." Ako mu kažete da je nešto nemogućno, on već poveruje kako to znači da je to samo njemu mogućno. Neosporno, i čovek ovog veka, a naročito čovek poslednjih ratova evropskih, nenadmašan je u davanju mere ljudske snage i volje. A kad se čovek odista ne boji ničeg, onda je i jači od svačeg. Uostalom, za sva velika pregnuća glavno je pregoreti sve ono što se već ima, a ovo se lako postigne postupnim pregorevanjem. Čovek se napravi kukavicom, samo navikavajući se na stalno verovanje o sebi da je od svakog i svega slabiji.

Razočaranje, najkobnije osećanje, to je prav put u očajanje i u propast. Ima mnogo ljudi koji uobražavaju ponore kojih nigde nije bilo, i zamke gde one nikad nisu postojale. Ovo su obično veliki mučenici mašte i srca, ljudi koji se bore sa samim priviđenjima. Najmanja neprijatnost izgleda im početak krupne nesreće; a najmanja bolest im izgleda katastrofa na pomolu. Ima bezbroj ljudi koji stoga ništa krupno ne smeju počinjati, strahujući od teškoća koje i ne postoje, i od neprijatelja kojih i nema. Jedan način da se izbegne razočaranje, to je uzimati ljudske sreće samo za onoliko što one stvarno znače: za igru sudbine, za stvar slučaja, za nešto koje leži iznad naše zasluge. Ali za ovo odmeravanje treba ne samo puno pameti nego i jake volje.

Sanjalice su karakterom jače nego takozvani realisti. Oni su manje skloni razočaranju, makar živeli više u fikcijama nego u istinama. Sanjalice su bili otkrivači kontinenata, oslobodioci naroda i svetitelji svoje crkve. San je druga stvarnost i najveća stvarnost; jer današnji san, to je sutrašnja istina. Kod ljudi od akcije snaga traje samo dokle traje njihov napor volje, a kod sanjalice snaga njegovog sna traje dokle traje i njegov život. Zato je božanski snažan čovek misionar koji poveruje da su san i stvarnost jedno isto, i da stoga on i njegova misija takođe znače jedno isto. Sanjalica stavlja svoj san iznad života, a sve druge ljude ukupno smatra manjim od svoje fikcije. Zato niko nije silan ako nije i nosilac neke više misije, sve su druge energije ljudske, a jedina je ova božanska. Jedan od dvojice tvoraca hrišćanstva apostol Pavle kaže hrišćanima: „Da bih dobio Hrista, sva sam druga blaga na svetu upropastio". A ma koliko različan od apostola Petra, sveti Pavle se nikad nije hteo od njega odvojiti ni razlikovati, pošto ih je ljubav za Hrista vezivala dublje nego što ih je išta drugo moglo međusobno odvajati.

Ima i naroda rođenih za visoka stanja osećajnosti: Srbi su puni uzbuđenja, Talijani ekstaze, Francuzi oduševljenja, Nemci romantizma. Međutim, drugi narodi s njihovom silinom osećaju samo mržnju, ogorčenje, osvetoljublje: Mađari, Bugari, Cincari. Ima i naroda koji mesto viših duševnih stanja žive u moralnim stanjima koja nisu ni definisana, i koja izgledaju površna, nepotpuna, lakomislena, epidermična. Ovakvim smatraju Rumune. Englezi smatraju da pre svega dobro društveno vaspitanje iziskuje ne pokazivati svoja duševna raspoloženja, ni uzbuđenja, ni ekstazu, ni oduševljenje, ni romantizam. Zato ih drugi smatraju hladnim i sebičnim, kad su oni samo diskretni. Englez je zato uvek jedini gospodar sebe, i nije slučajno što je gospodario polovinom drugih naroda na zemlji. Englez je već kao mornar najmanje sklon da veruje u trenutne nesreće, i stoga najmanje sklon razočaranju. Nemci su po prirodi skloni pesimizmu. Šopenhauer i Niče su pesimisti i mizantropi.

Da se čovek ne razočarava u ljude, pošto je to najkobnije razočaranje, najbolje je ne deliti ih drukčije nego sumarno: na dobre i rđave, na bele i crne, pošto ljudi stvarno i nisu drukčiji. Sve ostalo je, osim pozitivno i negativno, u karakteru čovekovom uglavnom sporedno, delimično, promenljivo. Čovek koji je odista dobar, nikad neće nagonski učiniti nikakvo zlo, a čovek koji je odista rđav, nikad neće nagonski poželeti da učini nekom ni najmanje dobro. Luj XII nije nikad bio drugo nego dobar, a Cezar Bordžija nije nikad bio drugo nego pokvaren i zao. Treći tip, to je moralno glup čovek, onaj koji ne razaznaje dobro od zla. Ovaj je možda i najopasniji, ali je on i najređi. Čovek celog života može da pravi dobrote ili zloće, ali je pitanje da li je učinio puno sitnih dobara, a samo jedno krupno zlo, ili puno sitnih zala a samo jedno veliko dobro. Da biste ga presudili, treba znati da se čovek jedino razaznaje u onom svom krupnom i bitnom potezu. Preporučujem vam da od jednog čoveka imate stoga na umu uvek njegov najjači potez u životu, nekakvu njegovu naročitu akciju, dobrotu ili zloću, i da se opredelite prema tome, jer je čovek u tome glavnom potezu stavio i izrazio i celog sebe. Ostale su stvari u njegovom životu bile slučajne, ili proračunate samo mozgom a ne instinktom. Onaj jedan končić koji prolazi kroz čovekovu afirmaciju među ostalim ljudima, to je ono što je bilo jače i impulsivnije od svake njegove volje i namere, i zato bitnije i karakterističnije od svega. Ja sam uvek pokušao da svakom čoveku nađem takav njegov glavni potez, glavni slučaj njegovog života, i po njemu sam skoro uspevao da saznam s kim imam posla.

Jedino što spasava čoveka od razočaranja, što znači i od očajanja, to je opet nemanje straha ni pred ljudima ni pred događajima. Napoleon je mislio da na ovom svetu ima svega dve alternative: zapovedati ili slušati tuđe zapovesti. Stvarno, treća i ne postoji. Čovek je odista rođen ili da nosi sedlo ili da nosi mamuze. Vaspitati sebe u hrabrosti, to ne znači vaspitati sebe u razuzdanosti, a još manje u svireposti. Uostalom, hrabrost i svirepost se čak i isključuju međusobno. Hrabri ljudi nikad nisu svirepi, a svirepi ljudi nikad nisu bili heroji.

O RODOLJUBLJU

Da li patriotizam znači samo čovekovo toplo osećanje za zemlju u kojoj je rođen? Ili patriotizam znači pre svega vrelu ljubav za narodnu tradiciju i jezik? Po reči *patria*, odista bi patriotizam značio osećanje za tlo svog plemena, ali po reči „rod", od koje smo mi Srbi napravili lepu reč rodoljublje, to osećanje bi značilo ljubav za tradiciju i jezik. Uostalom, ovo oboje izlaze na jedno isto: pošto se i plemensko tlo obeležava granicom duhovnom a ne fizičkom. Stvarno, otadžbina, nije ni tlo, ni pleme, ni jezik, nego kolektivni duh jednog naroda. Bilo je uvek, a ima i danas, puno naroda koji žive na zajedničkom tlu, i govore istim jezikom, a ne smatraju se istim narodom. U starom veku je takva bila i Grčka, podeljena na razne zemlje, a Rimljani su smatrali drugačijim narodima čak i naselja u rimskoj Kampanji. U srednjem veku su bile slično bez jedinstva Italija, Nemačka i Španija. One su međusobno ratovale kao tuđe jedna drugoj. I danas dvadeset država i naroda španskog jezika u Južnoj i Srednjoj Americi dele sebe na iste načine.

Kolektivni duh jednog naroda, to je proizvod zajedničke prošlosti, istorije, zajedno podeljenih sreća i nesreća, pobeda i poraza. Kolektivni duh zato predstavlja istodobno i materijalnu i moralnu oblast: zajedničke žrtve u krvi za iste principe i za isti ideal. Patriotizam je stoga jedno veliko porodično osećanje stečeno istorijskim uslovima života, osećanje koje zahvata od prvog do poslednjeg čoveka celu masu narodnu, ma koliko ona bila brojno krupna, nasuprot osećanju duhovne bliskosti prema susednim zemljama i narodima, koje smatraju zatim dalekim i tuđim, ili njima neprijateljskim. U mnogim narodima je postojao zbog ovog kolektivnog duha zajednički ne samo tron nego i oltar. Jedan Narod, jedan Bog, jedan Kralj — to je bio ideal i nekih od starih država. Patriotizam je oduvek smatran i božanskim osećanjem u čoveka. Grad Atina je imala svoju sopstvenu boginju Atenu koja je čuvala njenu državu, drugu nego što je bila boginja Atena kojeg drugog grada. Ako je jedan od tih gradova bio pobedilac ili pobeđen u kakvom međusobnom ratu, onda se zasluga za pobedu ili krivica za poraz najpre pripisivala boginji, a tek zatim oružju, a po potrebi, taj je grad i ponekad obarao svoje staro božanstvo, a sebi birao drugo i novo. Međutim za hrišćane su njihova Bogorodica ili Hristos podjednako obožavani u sreći i u nesreći, pošto dobar hrišćanin svaku svoju nesreću smatra pogreškom svojom, a ne božjom; ili smatra sve u svom životu kaznom i nagradom nebeskom za zasluge ili grehe svoje ili predačke. Iz ovog se vidi takođe da je patriotizam u starom veku bio sveštenog i božanskog karaktera, a ne ljudskog.

U srednjem veku su kraljevi zamenjivali antička državna božanstva: kralj je značio otadžbinu, a kraljeva žena, sin i kćerka nosili su često u miraz i delove svoje otadžbine ili pravo nasledstva na nju. Ratovalo se za kraljeve i dinastije koliko za veru i otadžbinu, čak i puno više. Istina, srednjovekovna monarhija je smatrala sebe sagrađenom na kamenu Crkve, i od nje nedeljivom. Otud je i vlast pape bila iznad vlasti kraljeva, naročito onda kad su i same pape bile postale i suverenima države. Srpski kraljevi i carevi srednjeg veka bili su samodršci, autokratori, na način vizantijski, i na svojim saborima na kojim su zasedali plemstvo i sveštenstvo, predstavljali su s vladarevom ličnošću pomenuti kolektivni duh nacije u njegovoj izrazitoj potpunosti. Rešavane su državne stvari na tim velikim saborima na način na koji je cela otadžbina smatrala sebe punim učesnikom u tim zborovima. Car Dušan, glavni zakonodavac naše stare države ništa veliko nije rešavao bez sabora u Skoplju, Serezu i kod Bitolja. U ta vremena je odista srpska država bila i najjača država na evropskom istoku. Bugari, naprotiv, nikad nisu postigli svoj takav kolektivni duh državni. Zbog ovoga su se u njihovoj srednjovekovnoj istoriji uvek videle po pedeset godina napretka i sjaja, da posle te periode uvek nastupi jedno dugo razdoblje pomračenja i nazatka. Uvek je stara Bugarska bila sklona haotičnim krizama, zbog kojih su svoj državni sistem podržavali ratovima a ne kulturom. Ni Rumuni nikad u svojoj istoriji nisu imali kolektivnog duha, i nikad nisu postigli jednu organizovanu državu ni trajniju dinastiju, zbog čega nisu imali ne samo sopstvenu antičku latinsku kulturu nego ni srednjovekovnu pravoslavnu kulturu. Verujem stoga da je na evropskom istoku srpski patriotizam bio najprosvećeniji i najsvesniji. Dinastija Nemanjića, koja je ličila na dinastiju florentinskih Medičija, po sjaju i ljubavi za kulturu, i po nizu svojih vladara sve boljih za boljim, trajala je u tom stalnom napredovanju koliko i ma koja evropska dinastija srednjeg veka. Može se reći bez zaziranja da nije bilo Srba, s tom izvanrednom silom njihovog kolektivnog duha, uopšte Južni Sloveni ne bi bili sačuvali svoje ime ni jezik. Ali i da, nažalost, Srbi nisu imali svakog stoleća po nekoliko svojih tirana i zulumćara, oni su do danas mogli postati velikim narodom na onoj strani Evrope. Misionarsku zadaću srpskog naroda među svima ostalim na Istoku, omelo je uvek po neko kolo štetočina, sebičnjaka, zločinaca, koji su u više mahova dovodili i same Srbe do kriza, čak i do rasula.

Ima ljudi koji su po svojoj prirodi lišeni osećanja patriotizma. Ovakvi ljudi pređu iz svoje zemlje u drugu zemlju ravnodušno kao što divlja zver pređe iz Konga u Sudan, ili kao što ptica pređe sa grane na granu. Moglo bi se reći da izvesni ljudi nemaju patriotskog osećanja koliko drugi nemaju osećanja verskog, ili treći osećanja umetničkog. Ovo je jedna velika nesreća čovekova. Ima samo dva osećanja koja su dva najviša duhovna bogatstva, pored kojih i najsiromašniji čovek ne može biti potpuno ubog: to su patriotizam i vera. Ko voli svoju otadžbinu, on uvek živi u širokom prostoru, na velikom suncu, u velikoj zajednici, kao što čovek koji iskreno veruje u Boga nije nikad ni sâm ni beznadežan. Bez ova dva osećanja, čovek je propalica.

Najveći među patriotima obdaren je izvesnom vidovitošću, jer su ljudske istine uvek istine srca. Njegov je vidik uvek bezmeran pošto je patriotizam, kad je potpun, istovremeno i plemenit. Nepatriot, to je, naprotiv, najpre glup a zatim loš čovek. Nikad ljudi nisu bili veliki vladari i generali ako nisu najpre bili i veliki patrioti, makar po talentu bili daroviti stratezi, pa čak i daroviti zakonodavci. Da Aleksandar Veliki nije imao veliku ideju o ljudskoj zajednici, ne bi zbog svog dela, započetog na čisto filozofskoj bazi, išao u Aziju da tu ideju sprovodi u persijskim satrapijama. Tvrdnja nekih istoričara onog doba kako je Aleksandar išao u Persiju samo zato što je bio dao svom ocu zakletvu da će se Persijancima osvetiti za njihove invazije u Grčku, i za njihovo oskrvnjenje grčkih božanstava, ne odgovara odista ni umu jednog Aristotelovog učenika, ni moralu jednog od najvećih vojnika starog veka, moralu kojim je bio u svim delima inspirisan ovaj izvanredni čovek. Napoleon je, naprotiv, bio najpre general i vladar, a tek zatim, i uzgredno, francuski patriot, što mu se u mnogom pogledu i osvetilo.

Patriotizam, to je, uglavnom, jedna utopija, kao i sve velike unutrašnje čovekove istine, kao i sama čovekova ideja o sreći na zemlji. Zato, i kad je najzdraviji, patriotizam je za polovinu mističan. Švajcarska i anglosaksonska Amerika su državne tvorevine ponikle iz praktičnog pravnog osećanja, a ne iz istorijskog i plemenskog, ali su i one same, vremenom, postale mističnim tvorevinama čovekovim. Tako, na primer, što kod njih gospodari kult zakona koliko drugde gospodari kult sile: u Americi se veruje u zakon državni koliko se drugde veruje u božju pravdu. A svaki kult je mističan u svojoj osnovi.

Zato teokratija, sistem vladavine najnazadniji i najgori, imala je ponegde svoju vlast nad ljudima kakvu nikakvi drugi politički sistemi nisu mogli imati. Indijanac smatra svoga Bramana jedinim Bogom, opredeljenim čuvarom svetih knjiga, najvećim plemićem, i najjačim građaninom. Samo pomoću Bramana žive i ostali ljudi na zemlji, a bez njega bi svi pomrli od gladi i bolesti. Oni su božanskog porekla, tvorci vatre i vode. Oni su jači od bogova, pošto oni obaraju bogove i njihove oltare; a važniji su i od kraljeva, pošto Bramani ubijaju i kraljeve. Nikad nisu prestale da budu teokratijama Indija i Egipat, rasadnice svih veličina. U Egiptu je faraon bio uvek rođeni sin Ozirisov, začet u ložnici toga božanstva s vladajućom caricom. Tako su nebo i zemlja bili pod istim žezlom. Egipatska svetilišta Sais i Heliopolis svagda su bili stoga važnijim državnim središtima od faraonske prestonice, i ništa se nije činilo bez odobrenja sveštenika, a kamoli protiv sveštenika. Znači, u Egiptu se sve radilo slično kao što se sve radilo i u Indiji, jedino zapovešću maga i Bramana. Jedini su Grci bili u starom veku bez teokratije. Čak i bez one prividne kao što je bila teokratija u Rimu za vreme pobožnog kralja Nume. Ako su grčki sveštenici u Delfima imali vlast nad duhovima starog grčkog sveta, to je bilo većma njihovim vračanjem nego političkim sistemima i filozofskim doktrinama. Najzad, u Grčkoj nije ni mogao postojati državni režim koji bi, kao u kakvoj teokratiji, bio zasnovan na ideji da je čovek rođen robom stoga što je rođen grešnim, nosiocem praotačkog greha. U Grčkoj je, naprotiv, i svaki rob mogao postati slobodnim čovekom, postavši kulturnim, i time pravno jednak i najvećim ljudima svoje zemlje. U Grčkoj nije mogla postojati ni druga religija, nego ona kakvu vidimo u Omiru i Hesiodu, pošto su grčku veru pravili pesnici koji su svagda bili proroci slobode.

 Naša srpska srednjovekovna država smatrala je takođe sebe, po primeru drugih istodobnih država, izgrađenom na kamenu Crkve, ali je ipak ostala i zauvek ostala daleko od presudnog uticaja sveštenstva. Makar što je vrhovno srpsko sveštenstvo u Nemanjićkoj državi dolazilo iz visokog plemstva, bar dobrim svojim delom, ipak nije nikad ono izlazilo iz okvira čisto verskog. Sveti Sava je bio blisko vezao Crkvu i državu, i koristio se lično mnogim svojim vezama i iskustvima na putovanjima po Istoku, ali se nikad nije polakomio za svetovnom vlašću, ma koliko da je očigledno bio veliki državnik. Naš crkveni kalendar pored grčkih i sirijskih i latinskih svetitelja, ima i svoje sopstvene narodne svetitelje, najpre među svojim vladarima, a tek zatim među svojim mučenicima. Sistem države je do kraja ostao materijalno nezavisan od sistema Crkve. Međutim, bliska veza oltara i prestola i u drugim narodima, bila je izvor velikog patriotizma, kad god su oltar i presto stajali u međusobnoj ravnoteži i dobroj harmoniji. Protivno se uvek videlo u protivnim slučajevima: onde gde oltar i presto nisu bili saglasni, ili gde su jedan drugom bili protivni, patriotizam narodni je bio doveden u konfuziju, i svršavao u rasulu.

Ljubav za tlo narodno, koja se obično zove patriotizmom, nije svagda glavni motiv ovog osećanja, i nije svagda ni u vezi s pravim rodoljubljem. Ljudi često oružjem brane zajedničko tlo i kad nisu duhovno bliski. Ima takođe i najvećih patriota koji odu u tuđu zemlju da tamo prožive ceo svoj vek među stranim svetom, a čak ne gubeći time ni trunku patriotske ljubavi za zemlju svog porekla i rođenja. Ovo je vrlo čest slučaj s Englezima, koji su poznati kao najveći rodoljubi, ali istovremeno i kao najveći kosmopoliti. Englez napusti svoje staro ostrvo i odseli se na sasvim drugi kontinent, često čak i u jednu mladu i polukulturnu sredinu, ali samo kao što bi u Londonu napustio svoj kvart da se preseli u neki drugi kvart u njegovom gradu. Englez lakše napušta Englesku nego engleske navike: navike kako jede, pije, čita i pravi sportove. On živi u Egiptu, i u Novoj Gvineji, i na Havajskim ostrvima, ili na ma kojem drugom parčetu sveta, lako i bez napora: jer Englez nosi sobom svoju Englesku gde god dođe i gde god živi. On je uvek prisutan u svojoj zemlji, možda zato što je Engleska flota na svim vidicima sveta.

Otadžbina starih Grka je bila u ksenofobiji, a otadžbina starih Rimljana je bila, naprotiv, u ideji o zajednici među ljudima na osnovi rimskih državnih zakona. Sveti Pavle se s gordošću nazivao rimskim građaninom, a kad je bio optužen, lično je otišao u Rim da mu tamo sude zakoni njegove države. Posle Rimljana su jedini Englezi i Amerikanci stigli ovako daleko u čovekoljublju i slobodoljublju. U Indiji bi ideja o zajednici među ljudima bila možda izražena samo u Nirvani, pošto ta provalija prirodno isključuje sve granice materijalne i moralne, pa prema tome i međe tla i razlike među ljudima. Inače *Knjiga Manuova*, indijska *Ilijada*, jeste delo u kojem se otadžbina ne kazuje nijednom jasnom rečju, makar što je nju napisao ovaj Sin božji, koji je i sâm sebe smatrao Bogom. Kako odista i da se shvati ideja otadžbine u toj zemlji gde u gomili gospodara i robova, bedni parija dolazi među božjim bićima tek posle slona i konja.

Ideja današnjeg prosvećenog čoveka o otadžbini polazi odista samo od ideje o slobodi. Otadžbina i patriotizam su u čovekovom idealu istovetni, ali su tako isto nerazdvojni pojmovi država i sloboda. Ovakva bi ideja bila i jedina koja bi današnjeg čoveka odvajala od čoveka starog veka. Između dva današnja čoveka, koji su podjednako slobodni građani kakve potpuno pravne države, postoji cela linija zajedničkih odlika, jer takvo vaspitanje u ideji o pravu i zakonitosti prirodno isključuje sve sitne obzire i ličnog i rasnog egoizma. Švajcarski slobodni građanin ima jedno čulo više nego kakav Balkanac. Slobodni Francuz bliži je slobodnom Englezu nego ma koji drugi evropski građanin, ma koliko odudarao francuski revolucionarni patriotizam od engleskog konzervativnog patriotizma. Netrpeljivost među antičkim narodima bila je veća nego i netrpeljivost među današnjim narodima. Ona je izvirala ne od ovakvih zajedničkih ideja o slobodi kao glavnom uslovu za život, nego iz razloga verskih ili kulturnih. Grci i Persijanci, i Jevreji i Egipćani podjednako su držali svaki sebe izabranim narodom, a druge su smatrali varvarima, ili čak i neljudima. Egipćanin nije smeo jesti kašikom kojom je pre njega jeo Jevrejin ili Grk, koji su smatrani nečistim, niti se Egipćanin ženio Grkinjom koju je smatrao rasno poročnom. Ali ova osećanja nisu nikad polazila od pravnih razlika među narodima. Persijski car Darije, pokorivši Vavilon, kaže Herodot, razapeo je zatim na krst tri hiljade građana ugušujući pobedu Jonaca, čije je ostale sinove pretvorio u evnuhe, a njihovu zemlju opljačkao i razdelio. U takvim zemljama nije bilo patriotizma, pošto nije bilo ni najmanjeg smisla o čovečanskoj zajednici, koja je prvi put došla na svet pojavom hrišćanstva. Razlika između ratnog prava starih naroda i ratnog prava današnjih ratujućih naroda jeste proizvod samo ideje o čovečanskoj slobodi uopšte, ideje koja je kulturnim revolucijama dobila najzad glavno mesto među svim čovekovim osećanjima i uverenjima.

Patriotizam je rastao s civilizacijom. On se najpre pojavio kao osećanje plemensko. Do devetnaestog veka je ono bilo osećanje teritorijalno i državno. Kažu da je patriotizam osećanje rođeno posle bitke na Valmi kad su Francuzi odbranili revoluciju od udruženih stranaca, koji su došli da ih pokore. U srednjem veku su narodi ratovali za kraljeve koji su predstavljali glavnog čoveka jedne ljudske grupe na jednom izvesnom tlu; ratovali su i za veru; ratovali su i za pljačku. Francuski ratovi u Italiji, do Fransoa I, bili su često pljačkaški. Nemačka je ratovala u Italiji zbog sukoba krune s papskom mitrom. U srpskoj istoriji su ratovi uvek bili državni i nacionalni, a nikad verski ni dinastički. I Dušanova priprema da zauzme Carigrad imala je svehrišćanski cilj: da spreči prelazak Azijata u hrišćansku Evropu, zbog čega je i dobio papinu titulu kapetana hrišćanstva. Ratovi srpski u novo doba, bili su opet oslobodilački, nacionalni i državni, bez truna verske netolerancije ili pljačkaške namere. Stoga patriotizam koji polazi od ideje o slobodi, a to je uvek ideja o čovekoljublju, jeste delo novog doba. Ovo osećanje je i jedino što današnje ljudstvo odvaja od tiranije starog veka, gde su narodi bili sastavljeni uglavnom od robova, koji su radili za druge i pripadali drugima, i zbog čega ideja o naciji i o otadžbini, u našem smislu, nije mogla ni postojati. Patriotsko osećanje, dignuto do najviše finoće i čovekoljublja, to će biti ideal budućeg ljudstva. Prosvećen čovek ne može istinski voleti svoju otadžbinu, ako njome vladaju tirani, a ne može ni mrzeti tuđu zemlju, ako u njoj gospodare slobodni zakoni. Bilo je odličnih duhova koji nisu mogli živeti u svojim zemljama kao u tamnici ili na večnoj robiji, ako su smatrali njihove zakone pogaženim. Ruso i Bajron su bežali svaki od svoje otadžbine zato što nisu odgovarale njihovim idejama o srećnim zemljama. Šopenhauer je smatrao svojim uniženjem što je bio Nemac, a Niče je bio nesrećan što nije bio Francuz. Ideja o otadžbini bila je u duhu ovih velikih ljudi viša nego i ideja o njihovoj sopstvenoj zemlji. Ovo znači da ideja o otadžbini uzima u našem duhu većma granice jedne moralne oblasti nego fizičke.

U našoj srpskoj državi, od početka njenog novog života, bio je bezmalo uvek na čelu po jedan čovek sklon apsolutizmu: posle Vučića je došao knez Mihailo, docnije kralj Milan i Aleksandar Obrenović, a posle Živković, ma koliko ljudi lično pošteni i hrabri. Država naša do Ujedinjenja nikad nije bila u punoj meri pravna sem periode vladavine kralja Petra I (1903-1918). Kralj Aleksandar nije, koliko ni njegov otac Petar, nikad sanjao da bude diktatorom, čak ni najboljim, a kamoli najgorim, niti je želeo da obara ustave na koje se bio zakleo narodu, a, međutim, doveden je za malo vremena do toga da tuđe pogreške plati svojom smrću. Apsolutisti su uvek činili da naša zemlja svakih deset godina dolazi u krize u kojima je izgledalo kako stoji pred svojom konačnom propašću: 1828-'38-'48-'58-'68-'78-'88-'98-1908-'18-'28-'38, i to astronomskom tačnošću. Često su našom zemljom upravljali politički spekulanti i birokrati. Za četrdeset godina koliko sam učestvovao u životu svoje zemlje, redak je bio ministar koji se ranije bio odlikovao kao naučnik, kao besednik, kao pisac, kao utemeljač neke institucije i začetnik jedne ideje. Počesto sve je išlo podražavanjem i plagiranjem malim dosetkama, malograđanskim spletkama i plašljivim novotarenjem.

Međutim, jednoj zemlji nisu potrebni ni jaki ljudi, nego jaki principi, ni diktature najbolje i najprosvećenije nečije volje, nego diktature dobrih državnih zakona. Takozvane ljude „jake ruke" traže samo slabi i servilni narodi, a prosvećeni traže samo jake institucije i neumitne zakone. Engleska od Kromvela nije više znala za diktatora, niti je Francuska već celo jedno stoleće imala ijednog uzurpatora. Nesrećna je zemlja koja ima na upravi svaki čas po jednog Spasitelja. Da je Robespjer živeo u doba Lenjina ili Hitlera, i on bi bio čovek momenta i njihov saveznik. Jedan Nemac je pisao nekad za Robespjera: „On svugde u sebi vidi božjeg izabranika, i baca na sve i na svakog strašni pogled prezrenja. Ako ode do kraja za svojom glavom, dogodiće se katastrofa." Docnije se čak saznalo da je Robespjer bio kopile u jednoj porodici pojedenoj sifilisom.

Stari Grci su verovali da je korisno samo ono što je pravedno. A zato što su onda neki pesnici govorili protivno, Platon ih je prognao iz svoje republike. Makijaveli je takođe u njegovoj republici tvrdio o pravdi protivno od Platonove ideje, ali zato doktrina makijavelizam predstavlja danas za svakog prosvećenog čoveka pojam jednog starog i propalog društva. Neki antički filozof je tvrdio da je i Homer govorio kako su Zevs i Minerva savetovali Trojancima da prekrše svoju zakletvu o primirju, ali su zatim drugi filozofi ovo poricali, napadajući i samog pesnika *Ilijade* da je u ovoj stvari govorio bezbožnu neistinu.

U Francuskoj kažu da je veličina njihove istorije delo četrdeset francuskih kraljeva. Mogla bi i Nemačka tvrditi da je njena veličina delo četrdeset njenih naučnika. I Italija bi mogla tvrditi za svoju istoriju da je delo četrdeset njenih tirana. Najzad, i Palestina je bila delo njenih četrdeset proroka i zakonodavaca, od kojih je Solomon bio mudrac, a David pesnik. Ali u srpskom narodu sve je odista delo samo njegovih heroja, a sve je njegovo zlo dolazilo od njegovih kukavica, koji su bili uzurpatori. Našoj mladoj zemlji je bila potrebna najpre zajednica u idejama, da bi zatim postojala zajednica u principima, a mi to nikad ne postigosmo. Treba poželeti ovo bar onima koji u našoj zemlji budu dolazili posle nas: društvo homogeno i kulturno. Kulturni ljudi su često za više nego jedno stoleće opstanka naše države, naprotiv, u nas ostavljani po strani, a u vrhovima su stajali udvorice kraljeva i jataci bezočnih tirana. Kulturni ljudi su u neko vreme i smatrani za opasne. Nekakav Miloje Lipovac tražio je već 1828. godine da se iskorene svi pismeni ljudi u Srbiji, pošto oni šire nezadovoljstvo i truju narod.

Uglavnom, samo tiranije progone znamenite ljude, pošto tiranin sve apsorbuje u samog sebe. Kad se reklo da muze ćute onde gde udaraju mačevi, to je značilo u stvari da sve veliko zamire u zemlji u kojoj nema unutrašnjeg mira. Interesantna je bila Ciceronova ljubav za kraljeve, i to za rimske kraljeve koji su prvi stvorili staru rimsku državu, makar što su i svi redom bili zatim poubijani ili proterani. Ciceron, koji je video strašnu tiraniju svoga doba, zamišljao je, naprotiv, čak i primitivnu rimsku kraljevinu kao zemlju patrijarhalne čistote. Tiranin, kaže Ciceron, može biti i milostivim gospodarem, ali da su i pored toga ipak svi ostali u državi samo nečije bedne sluge, a da sluga ne može nikad biti zadovoljan niti se od njega može drugo očekivati nego pokornost. Robovi se, međutim, mogu buniti samo kao bedni i uniženi vojnici Spartakovi, a ne kao prosvećeni građani Francuske revolucije, što znači da tiranija ubija u čoveku čak i instinkt svesnog i zdravog bunta. To jest bune se samo oni koji nisu slobodni dovoljno, a ne oni koji nisu slobodni nikako. Tiranija, to je pomračenje čak i svesti o pravima i zakonima.

Patriotizam srpski ogledao se na bojnom polju uvek prema onom koliko su bili slobodni režimi u njegovoj zemlji. Država starog kralja Petra je bila najslobodnija kakvu smo u istoriji ikad imali, i stoga su se njegovi vojnici pokazali najhrabrijim u Evropi. Još je i stari Katon govorio da samo pravda vezuje ljude, a nepravda da ih razdvaja.

Jedna je istina svakako nepobitna: samo su nesrećni ljudi uvek nezadovoljni, ali, uglavnom, i začudo, samo ljudi srećni dižu revoluciju. A to je stoga što po svom instinktu čovek traži uvek suficit, pošto normalna sreća nije nikom dovoljna. Vlastodršci se i sami trude da svojim narodima daju sliku države onakvu kakva odgovara njihovoj ideji o sreći i veličini. Italijani uveravaju svoj narod da je njihova država uvek slična onoj koja je sa četrdeset svojih legija vladala nekad od Baltika do Nila i Eufrata; Nemci, da je njihova država tesna za jedan narod koji je viši nego ma koji drugi na zemlji; Srbi, da je njihova zemlja nalik na našu patrijarhalnu zadrugu gde mlađi sluša starijega, i gde niko ne krade; Francuzi, da je njihova zemlja buktinja koja ide pred svima ostalim narodima; a Englezi, da je Engleska najbrži brod za

Indiju, najveća banka na zemlji, najugodniji bar i golf-klub, najpoštenija kuća samih lordova i sportsmena, i gde za sve ovo niko nema jedan od drugoga veću zaslugu.

Englezi su i sami dobro poznali u svojoj istoriji da narodi nerado priznaju tuđe zasluge, koliko god rado isticali greške i najzaslužnijih. Zato oni najmanje veličaju svoje istorijske ljude. Ali ovo naročito znaju Francuzi, čiji su najogorčeniji kalamburi išli uvek na adresu najvećih među njima. Tvorac veličine francuske monarhije bio je Rišelje, uzurpator svih prava monarhovih, a, međutim, ne samo da su za vreme njegovog života bile kovane najljuće zavere protiv njega nego su ga i sutradan posle smrti spominjali kao zločinca, i zatim kroz ceo jedan vek, kao vukodlaka. Uostalom, u svakom narodu, i za vreme svih režima, ima uvek više nezadovoljnih nego zadovoljnih, pa makar režim bio i najbolji; jer čovek po svojoj prirodi veruje da od dobrog ima i još bolje, i da je zato uvek potčinjen, i uvek prevaren. Seneka govori negde kako je jednog dana raspravljao u Senatu da bi rimski robovi trebalo da nose drugačije odelo nego slobodni ljudi, ali da se brzo osetilo i u Senatu kakva bi opasnost pretila kad bi i robovi zatim počeli da broje svoje gospodare, i da tako po odelu brzo razaznaju koliko ima jednih a koliko drugih.

O KARAKTERU

Jedno od najplemenitijih osećanja čovekovih, to je moć indignacije. Ima ljudi koji se ne mogu ni ushititi ni indignirati, a samo izabrani ljudi mogu da se ushite pred velikim, i zgnušaju pred niskim. Ova dva osećanja, ushićenje i indignacija, idu naporedo. Prostaci znaju jedino da se obraduju i ražaloste, ili samo razljute, i zatim samo razonode, a jedino čovek gospodskih osećanja može da podjednako reagira, i to do fizičkog potresa, isto tako na ono što je sublimno, kao i na ono što je nedostojno. Moć indignacije dolazi stoga od čovekove velike moralne čistote, i od njegovog visokog smisla za život i njegovih najviših načela. Gospodin, to je uvek vitez, koji po svojoj prirodi nikada ne zna za cinizam.

Žena ne ume da indignira, nego samo da se uvredi, zato što u ženi ima više oholosti nego ponosa, i više ukusa za formalizam nego za suštinu. Prema tome, osećanje indignacije je uglavnom osobina muškaraca. Englez je pun častoljublja i lako uvređen, ali zato niko neće ni toliko štedeti tuđe častoljublje, ni teže kazati drugome uvredu nego Englez. Čoveku čistom po duhu ne padaju uopšte nedostojne stvari na pamet, kao da one i ne postoje, i kao da stvarno nisu mnogobrojnije od dobrih i čistih; jer put časti je uvek samo jedan, i uvek vrlo kratak. Kad su tražili katolici Karlu V da spali kosti Luterove, on je s indignacijom odgovorio: „Ja ratujem protiv živih, a ne protiv mrtvih". Taj špansko-germanski car je bio oličenje srednjovekovnog viteštva, i on je verovao da vitez treba da bude ne samo najhrabriji nego i najčistiji. Međutim, njegov sin Filip II, na njegovom bi mestu, izgoreo Lutera i živog i mrtvog. Osećanje indignacije, to je odista sigurna mera koliko se u izvesnom čoveku ne mogu nikad pobrkati zlo i dobro. Osećanje indignacije, to je brza reakcija zdravog duha na jednu zlu ideju, kao što je reakcija zdravog stomaka brza na pokvaren vazduh ili na ustajalo jelo. Makar stvar bila i sitna, ako je nedostojna, ona često uzima u duhu čoveka otmenog i plemenitog obim jednog celog životnog načela. Mnogi ljudi, indignirani u svojoj čistoti, bacili su se zbog te indignacije u samoubistvo češće možda nego zbog i ma čega drugog. Kad kakav vladar nema ovog visokog osećanja o načelima, može on i ljudima vladati ali ga nikad ljudi ne mogu voleti. Spinoza je s indignacijom odbio prokletstvo Sinagoge, ali je s istim gnušanjem odbio predlog francuske kamarile da svoju *Etiku* posveti kralju Luju XIV, koji mu je za ovo i sâm obećavao penziju. Indignacija, to je, dakle, jedno osećanje heroja.

Glavno je za sreću čovekovu na svetu imati jedno urođeno gospodsko osećanje života. Za gospodovanje, nisu potrebne pare, jer je gospodsko osećanje nezavisno od materijalnog bogatstva. Za gospodovanje treba imati duha pre nego novca; i gospodovanje znači najpre jedan viši život i duševni, i duhovni i moralni. Obični ljudi smatraju srećom samo suficit koji im preteče od onog što znači materijalno bogatstvo; a prostaci smatraju bogatstvo i gospodstvo jednom istom stvari, dok su to, međutim, često i najčešće, dve stvari sasvim suprotne. Gospodinom može biti samo čovek od gospodske i gospodstvene rase, a, prema tome, gospodsko osećanje života jeste jedno krvno nasleđe, kao boja očiju, kose i kože. Nije dakle glavna nesreća što je neko siromah, nego je nesreća ako su njegove strasti fukaraške. Najbolji ljudi nose svoje zlato ne u džepu nego u srcu. Jedno unutrašnje sunce celog njihovog života obasjava i pozlaćuje sve na svetu čega se dotakne njihova ruka i njihova misao. Ovakvi ljudi su obično i religiozni. Istinsko religiozno osećanje ide za ulepšavanjem čovekovog karaktera više nego ikoje ljudsko umovanje. Uostalom, ima tri vrste pobožnih ljudi: oni koji odista veruju, a zatim oni koji od Boga samo strahuju, i najzad, oni koji ga ljube, takozvani teofili. Prvi, koji odista veruju, to su ljudi koji imaju potrebu da se uvek celi unesu u ovo natčovečansko osećanje, stavljajući svoju veru ne izvan razuma, nego iznad razuma. Za njih logika čovekova nije vrhunac u kosmosu, pošto postoji i logični život u prirodi, koji čini da svaka zvezda izgreje u svoj sat i svaki cvet procveta u svoj dan. Takvom je čoveku već samo ovakvo saznanje dovoljno da bude pobožnim. Smatrajući kako je ovim samim osvedočenjem već našao svog Boga, on mu daje zatim i ljudski fizički oblik, pošto je najsavršeniji. Drugi od vernika, oni koji od Boga samo strahuju, to su savesti nepotpune i sebi nedovoljne, koje zaključuju da svugde ima neko koji gospodari, pa čak i u svemiru, i koje smatraju da i razbojnik treba najpre da se prekrsti da bi njegova puška pogodila. I, najzad, vernici treći, pobožnjaci ili bogoljupci, koji su već i u staro vreme bili poznati i dobili ovakvo ime (teofili). Ovo su obično sentimentalni duhovi, koji smatrajući Boga najvećom dobrotom i najvećom lepotom, oni u svom srcu stvorenom da sve gleda kroz ljubav, daju prvo mesto Bogu. On zatim postane izvor svih njihovih ushićenja i svih uzleta. Nikakve pomisli kod ovakvih vernika na kosmogoniju niti kakve veze sa samom dogmom. Uvek više ljubavi nego prave vere. Bogoljupci su mogli da pevaju Bogu ceo dan, da za njega poste, i da se šibaju, i da za njega umiru s radošću, ali ipak i ne znajući za svoju udaljenost od prave vere, ovako udaljeni od same dogme.

    Svi pobožnjaci imaju jednu istu duboku osnovu da život shvate na veliki način, i da ništa ne urade bez veze sa svojim idealom, koji jedino nalaze u čistoti vere. Moglo bi se, odista, kategorično tvrditi: da čovek koji veruje u Boga, veruje u sve druge veličine oko sebe; a čovek koji ne veruje u Boga, taj izvesno ne veruje ni u što drugo.

    Jedan veliki problem u karakteru čovekovom, to je iskrenost prema sebi samom. Odista, čovek nikoga ne vara koliko sebe samog. On je posvednevno prva igračka svoje sopstvene ambicije, sujete, senzualnosti, pasivnosti, škrtosti, raspikućstva, drskosti, straha, gluposti. On nema nikad dovoljno pameti da sâm proveri svoja osećanja, i da sâm odmeri svoju pravu snagu. Zbog toga i izmišlja principe, i improvizira osvedočenja kako bi pred svetom sakrio svoja loša dela iza njih, a naročito da bi sâm pred sobom opravdao svoje postupke. Čovek po svojoj prirodi laže sâm sebe, prikriva, izvrće, maskira. Niko ne može izbeći ovakvim slučajevima samoobmanu. Naročito svaki čovek živi u zabludama kako odista uvek radi po nekim načelima i po dobroj savesti. Zato su i mnogi tirani mislili za sebe da su spasitelji, drski zločinci da su stvarno heroji, a prave kukavice verovale da su samo primer mudrosti i opreznosti. Čovek na ovakav način sebe samog, pre nego druge, obmanjuje i u ljubavima i u mržnjama. Naročito nikad ni sâm nije dovoljno siguran s koliko razloga nekoga mrzi ili nekoga voli. Ljubavi i mržnje podjednako su zbog ovoga i nazvane slepim. Ja verujem, pored toga, da ipak na svetu ima više ljubavi nego mržnje. Priroda je sklonost čovekova da između sebe i ostalih ljudi radije postavi ravnodušnost nego zainteresovanost. Čovek se, po prirodnom strahu od života, kloni i ljubavi i mržnje, pošto one podjednako komplikuju čovekov život.

Ali svako ima neodoljivu ovakvu potrebu da obmanjuje svoju maštu hiljadama šarenih pretpostavki, kao i hiljadama protivurečnih slika. Od njih se, uostalom, i sastoji čovekov unutrašnji svet. Čovek je uopšte lakom da veruje najpre u ono što mu je najmilije, i zato uglavnom i presuđuje stvari uvek prema simpatijama i antipatijama, a ne prema osvedočenjima. U tome i leži hiljadu kobnih zamki i žalosnih obmana.

Pošto čovek većma voli ideju koju ima o sebi, nego što voli i samog sebe, on stoga ima i strah od pravih istina. Čovek je sâm sebe stvorio više nego što ga je stvorila i sama priroda; a ovakvog kakvog je on sebe izgradio, on veruje i da je izgrađen pogodno svim prilikama u kojima mora da živi. Znači, čovek najpre živi u laži o svojoj sopstvenoj i pravoj prirodi. Uostalom, kad bi čovek bio iskren prema sebi, ne bi nikad mogao biti ni lažan prema drugom. Za iskrenost prema sebi, koja čoveka nikada ne bi zavela na stranputicu, potrebna je pre svega jedna urođena hrabrost, snaga karaktera, ukus za načine, ideja o životu, i ljubav za druge ljude. Znači vrlo mnogo. Ima jedna neosporna istina: ako se i najpametniji čovek često prevari, pošten se čovek nikad ne prevari. Poštenje je jedno veliko oko i veliko uho, uvek otvoreni i budni u čoveku. Pošteni ljudi su stoga najčešće i mudraci, pošto bez poštenja ne može biti mudrosti, koja se sastoji od istina.

Neosporno, dobra ćud, koju zovu i narav, utiče, koliko i lična filozofija, i na samu dužinu našeg života. Ljudi retko umiru od starosti, i obično umiru od bolesti; a bolesti su telesne i moralne. Niko nije siguran u dužinu svog veka, pošto od bolesti umiru i mladi koliko i stari. Svakako, duže žive dobroćudni i plemeniti, nego zli i loši. Ali ne i po pravilu. Ni karakteri ni ćudi ne opredeljuju ljudima koliko će dugo živeti. Tri su velika čoveka živela isti broj godina, iako su bili potpuno različiti po svojim karakterima i ćudima: Volter je živeo osamdeset četiri godine, a bio je veoma pakostan; a Viktor Igo je isto tako živeo osamdeset četiri godine, a bio je vrlo sujetan; i najzad, Gete je živeo takođe osamdeset četiri godine, a bio je vedar i olimpijski dalek od svih malih ljudskih pakosti i sujeta. Prema tome, ovi razni ljudi i ovako različiti karakteri, našli su možda baš u samim sebi i svojim navikama i ćudima potrebne mogućnosti za dug život: Volter je to možda našao u svojoj pakosti, Igo u svojoj sujeti, a Gete u svojoj olimpijskoj vedrini.

Zapamtite da nikad nije u čoveku potpuno usamljena jedna njegova velika vrlina ili jedna velika mana, iako je svaki čovek, uglavnom, nosilac ili jedne naročite vrline, ili jedne naročite mane. Drugim rečima, pored jednog velikog nedostatka u karakteru, ili jedne velike odlike, uvek postoje još uzgred neki drugi nedostaci ili neke druge plemenite odlike. Skoro uvek jednu veliku odliku prati još neka velika odlika, ili kakvu manu, prati bar još neka manja mana. Naime, ako je neko hrabar, onda je i nesebičan; ako je izdašan, onda je i iskren; ako je čedan, onda je i diskretan; ako je pobožan, onda je i optimist; ako je uravnotežen, onda je i plemenit i ljubazan. Kao i obratno: ako je neko lažov, onda je i lopov; ako je sebičan, onda je i tvrdica; ako je nepravedan, onda je i svirep; ako je lenj, onda je obično i cinik; ako je fanfaron, onda je sigurno i varalica; i najzad ako je brbljiv, onda je često lenština.

Mali i svakidašnji život obično svede sve ljude na približno istu meru po mnogim njihovim osobinama karaktera. Zbog toga ljudi često pripisuju sve što im se dogodi u životu, ne svojim odlikama ili manama, nego ludoj sreći i golom slučaju. Prava je nesreća što nijedan čovek ne poznaje dovoljno zašto je odista stvoren, i koliko je odista sposoban, a zato nikad ne može znati ni šta ga čeka u životu, ni koliko je on sâm gospodar svoje sudbine. Za vreme ratova, primetio sam da su neki ljudi, ranije sasvim nepoznati i neopaženi, najednom u ratu postali herojima, čuvenim i slavnim. Prvi koji su tim svojim odlikama bili iznenađeni, bili su ti sami heroji. Odista, izvesni su ljudi maleni samo u malim prilikama, a veliki samo u velikim prilikama, što je slučaj s mnogim narodima. Jedino se možda čovekov talenat, od svih njegovih osobina, ne daje nikad prikriti, pošto on izbije, najzad, i neodoljivo, ili u rečitosti, ili u akciji, ili u misaonosti, ili u knjizi, ili u mramoru, ili na platnu, ili na železu, ili na kakvom praktičnom delu. Ima ljudi na koje već spočetka padne jedan mlaz svetlosti s neba, i koja mu više ne daje da se ikad izgubi u pomrčini. Kažu da se ne da prikriti ni bogat čovek, jer se nečije bogatstvo dosta brzo i lako nasluti i prokaže. U Srba ima izreka: „Para laje".

Ne daje se prikriti ni lukavstvo, čak ni kad je najsuptilnije. Lukav čovek se izda ne samo rečima nego i licem, i pokretom, čak i predisanjem. Uostalom, samo su glupaci lukavi, a samo inteligentni ljudi mogu biti naivni. Lukavstvo nije izvor nekakve ideje o životu, a naivnost sama po sebi uvek predstavlja izvesnu ideju o stvarnosti, makar obično idealiziranu, i obično napravljenu prema nečijem sopstvenom duhu, naročito izvesnom temperamentu. Naivni su oni ljudi koji o životu imaju bar svoju iluziju, a lukavi su, naprotiv, osuđeni da uvek izobličavaju i degradiraju pravu istinu. Naivnost je suvišak zdravlja i snage, a lukavstvo je, naprotiv, perverzija, i strah od ljudi i od života. Naivnost, to je mladost srca, čak i kad je čovek u njegovim poznim godinama. Naivnost, znači ulepšavati sve oko sebe. To je san u kome je sve lepše nego u istini. To je napraviti unutrašnji kriterijum većim i od spoljnih dokaza. Naivnost je, dakle, osobina lepih duša. Najdarovitiji ljudi obično su i naivni ljudi. Čak su takvi i najviši tvorci. A pošto ovi imaju uvek pravo, znači, srećom, i da je na svetu ipak više dobra nego zla.

Najnesrećniji su u životu tvrdice. Za tvrdicu je neki stari filozof rekao kako je večiti siromah, pošto mu nikad nije dovoljno ono što ima. Dodajte ovome da tvrdica nije ni samo tvrd na pari, nego i na lepoj reči, i na pravednoj pomisli i na dobrom savetu, i na korisnoj usluzi, znači na svemu što ide na tuđe dobro. Ništa u istoriji jednog društva ili jednog naroda nisu privredili ljudi tvrdice, a puno su porušili, i naročito puno pokvarili. Volter, bezbožan i lihvar, bio je tvrdica jer je rđav čovek; on je mrzeo skromnost i velikog Rusoa, a udvarao se sujetnim vladarima i sitnim dvoranima. Cicijaštvo nije uzrok nego posledica urođenog zla u čoveku. Cicije su nosioci jedne nesrećne ljudske prirode koja je poremećena, i koja može da ide do prestupa i do zločina. Čuvajte se cicija više nego i raspikuća! Cicija je pre svega poročan čovek, ma u kojem smislu ličnog morala. Po poroku cicijaštva poznaje se i sintetičan slučaj nečijeg karaktera, a ne samo jedna izolirana duhovna pogreška. Cicija, na primer, ništa stvarno ne voli, i nikog stvarno ne trpi; on je nesrdačan i nepametan; a kad izgleda i intelektualac koji u nešto veruje, on je hladni i bezočni cerebralac koji je nešto samo sračunao i prebrojao. On vam daje obično ruku ledenu, reč nesadržajnu, osmeh mrzovoljan, prijateljstvo ironično, a neprijateljstvo puno strahovanja i sumnji. Cicija je, uglavnom kukavica...

Kao integralan čovečji karakter, pominje se sveti Grigorije Veliki. Bio je učen, hrabar, skroman, pobožan, velikodušan, savršeni tip svetitelja opredeljenog da bude heroj svih vrlina. Po svojoj volji, on bi odista bio ostao do smrti kaluđerom u ma kakvom ubogom italijanskom manastiru, da ga drugi ljudi nisu postavili za zamenika svetog Petra na njegovom prestolu u Rimu; a prikrivao bi i svoj veliki talenat, da ga nisu označili jednim od četvorice takozvanih doktora, ili Svetih očeva, hrišćanske Crkve, pored svetog Ambrozija, svetog Jeronima i svetog Avgustina. I mnogi su se pesnici odlikovali lepotom svojih karaktera; jer, neosporno, pored velikog uma neophodno je potrebno za jednog velikog tvorca imati i puno duhovnog poštenja. Dante je bio takav častan i ponosit čovek. On je odbio da se vrati u Firencu, ako ta njegova otadžbina ne utvrdi najpre na svojim sudovima da je bio iz nje nepravedno proteran. Gete je bio takođe vrlo častan i vrlo ponosan. Šekspir je bio čak i primer izvanredne čestitosti. Istina, Hajne je bio moralna nakaza, kao što uostalom i sâm priznaje.

Svakako, najsrećniji su u životu umetnici, ali pravi umetnici, tvorci, a ne profesionalci i šarlatani. Umetničko stvaranje predstavlja jedan nenadmašni izvor sreće čovekove, jer pravi umetnik ne može nikad biti potpuno nesrećan. Neosporno, malo ih je pravih među tolikim umetnicima. Za stvaranje treba puno snage i puno krvi, jer je umetnost stvar krvi i spola koliko i duha i glave. Umetnici su veliki ljubavnici. Grci su govorili za nekog neplodnog da nema oluju u stomaku. Oluja, to ovde znači krv i spol; jer samo ljubeći silno i spolno, mi stvaramo. Slike slavnih ljubavnica iz renesanse slikali su umetnici u svojoj ljubavnoj groznici. Praksitel je vajao lepu Frinu kao *Veneru Knidsku*, najlepšu Veneru starog veka, ludujući za lepotom ove kurtizane za kojom je, uostalom, i drugi ceo svet ludovao. Čak ludovao i za tom njenom statuom, kojom su mnogi hteli da se ožene. Spol je mučenje iz kojeg izbija stvaralačka iskra. Zbog toga je umetnicima i često dopušten izvesni moral koji ne bi bio dopušten profanim ljudima. Čovek voli i umetnost najpre spolom; spol je jedino što plodi.

Zbog ovoga su i umetnički karakteri veoma lični, zatvoreni u svoju prirodu, i najzad netolerantniji nego karakteri drugih ljudi. Umetnici su zakovani za svoju sopstvenu prirodu i zato vrlo isključivi. Čak i onda kad su i sami pod uticajem svojih prethodnika, a ovo su skoro uvek. Vagner dolazi od Betovena i Gluka i Baha, starijih muzičara;

Debisi dolazi od Bodlera i Verlena i Vajlda, od pesnika; Eredija se inspiriše istorijom; Teofil Gotje slikarstvom. Danas uopšte knjige više liče na život, negoli život na knjige. Betoven nije u svojoj muzici opisivao svoj lični život, kao što je to radio jedan Šopen, koji je opevao svaku svoju sreću u ljubavi kao i svaku žensku prevaru. Međutim, svi su ovi umetnici bili i vrlo lični, čak najličniji, jer su svi izvlačili svoju umetnost iz poneke svoje sopstvene istorije. Naročito je ova umetnost proizvod ljubavnih doživljaja. Poznato je i da su i najveći hrišćanski mistici govorili o Bogu i Bogorodici ljubavnim jezikom; a ni *Biblija* nije mogla ostati bez *Pesme nad pesmama*, najlepše lirike o profanoj ljubavi i o plodnim željama. A čoveku je sve najpre čovečje i spolno, što ne znači ni razvratno ni nečisto, pošto ništa nije ni razvratno ni nečisto što je u suštini najpre prirodno i zdravo. Kod najboljih duhova, umetničko stvaranje je bilo u najbližoj vezi sa svakodnevnim životom.

Čovek koji mrzi ljude, mrzi i istinu; i obratno; ko mrzi istinu, taj je neminovno i čovekomrzac. Ljubav nekog čoveka za njegove prijatelje, jeste i najsigurnije merilo za hiljadu drugih njegovih osećanja. Čovekomrzac je netrpeljiv u svima svojim odnosima prema društvu. Čovekomrzac se najpre prokaže time što veruje da je uvek on jedini koji ima pravo. Ali je on zato i prvi koji odmah poveruje u jednu zabludu i jedan porok. On je nepravedan u svemu što radi. Čovekomrsci su bili obični rušioci i u istoriji i u Crkvi. Čovekomrsci su mnogobrojniji u društvu nego što se to veruje, i naročito nego što se to vidi. Ljudima koji su skloni da budu čovekomrsci, mesto čovekoljubivi, trebalo bi najpre zabraniti da budu ovo troje: kraljevima, sudijama i učiteljima. Čovekomrzac je po pravilu uvek tužan.

Puno ljudi uopšte i ne zna šta je radost, a zato ne zna ni šta je dobrota; jer bez radosti nema dobrote, niti iko ima prava da od nesrećnika traži dobrotu. Izvesni ljudi su radosni dok su u naročitom fizičkom raspoloženju, i naponu zdravlja i krvi; ali duhovna radost je drugo nego fizička radost, što ne treba brkati: duhovna radost dolazi od uverenja o dobru i od lepe ideje o životu, znači od osećanja blagorodstva i čovekoljublja. Fizička radost je čisto životinjska.

Ima ljudi koje mrze njihovi neprijatelji, ali ima i ljudi koje ni njihovi prijatelji ne vole. Može se smatrati srećnim onaj čovek koji oseća da ga drugi bar rado podnose. Prvi uslov da vas neko i zavoli, to je svakako da mu diskretno najpre prikrijete vaše najbolje odlike; i to bar za onoliko za koliko oprezno prikrivate vaše mane. Treba naročito prikrivati svoju superiornost iz delikatnosti prema nedostacima drugih. Englezi ovo smatraju dobrim vaspitanjem. Ako ljudi najzad dobro osete svu vašu superiornost, učinite sve i da vam je oproste, kao što treba uraditi da vas ne sažaljevaju odveć za kakvu vašu nevolju. Znajte da vas ljudi ne mogu voleti osim ako veruju da vi sami sebe preterano ne volite. Oni će biti i uslužni, samo ako budu sigurni da vi puno ne očekujete od njihove uslužnosti. Simpatije među ljudima ne dolaze uvek zbog istih ideja ili uverenja, kao što ni antipatije ne dolaze jedino zbog razlike njihovih vaspitanja ili njihovih ćudi. Ljudi se, naprotiv, zbližavaju ni sami ne znajući na kakvoj su se sitnici zajednički zagrejali. Svakako, zbližuju se po njihovim odlikama. Izvesno je da je delikatnost najsigurniji način kojim se prijateljstva postižu, a naročito i da se ona vremenom drže. Naročito treba zapamtiti da niko ne voli da se divi drugome većma nego sebi, niti da dođe u podređen položaj, ni prema najvišem među ljudima. Zbog ovog je potrebno lagati dobronamerno i pretvarati se neduzno. Stari Rimljani su imali reč „blagodetna laž", *pia fraus*. Tako čovek izbegne isticanje među prijateljima ko od njih stoji na prvom, a ko na drugom mestu. Ljudi se zato najviše zbližavaju na onome što je u njima zaostalo od detinjeg i mladićkog. Mladići jedini ne sude drugog prema onome što ih od njega razlikuje, nego prema onome što ih zbližava. I najmudriji ljudi ne treba da zaborave ovo: u svakoj šali ima pola istine, ali i u svakoj istini ima puno šale. Prijateljstva se najviše kvare međusobnim iznalaženjem razlika i raznih krajnosti. Nikad ne treba imati češće pravo nego što ga ima drugi. Treba čak dati ljudima priliku da vas hvataju u greškama, i da vas žale.

Postoji odista komedija ljudi i komedija života, a saznanje o tome olakša mnogo razbijanje glave da se neke neobjašnjive stvari brzo objasne. Ima, međutim, ljudi koji, naprotiv, po svojoj nesrećnoj prirodi odveć sve uopštavaju, i sve pažljivo katalogiraju, moraliziraju i intelektualiziraju, čak i kad su posredi najprostije slučajnosti ili najobičnije igre sitnih ljudskih strasti. Time postignu samo da svoj život ispune samim đavolima više nego i što je Španija ispunila svoje nebo svecima. Pokušajte, naprotiv, uzimati veći deo ljudi za komedijaše, za snobove, za manijake, za ludake, a najčešće i za glupake, i onda ćete za polovinu olakšati svoj sopstveni teret života. Ne uzimati odveć ozbiljno čak nijedan veliki deo samih ozbiljnih stvari i potpuno ozbiljnih ljudi. Ovo pravilo ne bi bilo uvek ni lošom namerom, ni lošim računom, nego jednom merom opreznosti prema onome što je u njima odista prevrtljivo i promenljivo. A prema tome i opasno, ne samo za lakovernog i nevinog, nego i za čoveka zakovanog za same principe i tvrda uverenja.

Nema, izvesno, nikakve vrline koja prevazilazi ljubav čoveka prema čoveku. Ima jedna genijalnost srca koja prevazilazi genijalnost uma. Jedan grčki filozof savetovao je svojim Grcima da ne pobeđuju druge narode zato da bi ubijali i uništavali neprijatelja, nego da bi umudrili svoje protivnike kako bi ih zatim napravili svojim saveznicima. Zar nije ovako postupio i učenik Aristotelov, mladi makedonski kralj, kad je čak pokušao da izmeša u Aziji grčku i persijsku krv, a da u Evropi uradi to isto, posejavši po njoj persijske kolonije. Jedan drugi sličan istorijski primer čovekoljublja koji pamtim, to je slučaj Flaminija, antičkog i prvog rimskog osvajača Grčke. On je u Delfima prineo na žrtvu grčkim bogovima srebrne štitove svojih generala, među kojima i svoj sopstveni, što je trebalo da znači kako je prineo žrtve Apolonu, ne kao rimski pobedilac, nego kao grčki general. Ovo je i dokazivao odmah time što je vratio grčkim zemljama sve njihove grčke zakone. Sâm Plutarh, koji je bio Grk iz Heroneje, piše kako je Flaminije odista postupio na način da Grci, onda u svom moralnom i državnom rasulu, zavole Rimljane, ne kao osvajače, nego kao svoje dobrotvore.

Pokušajte i vi u životu da svog neprijatelja napravite svojim prijateljem, i videćete kako od neprijateljstva do prijateljstva nema ni koraka. Od dvojice zakrvljenih suparnika, nijedan ne nosi svoju mržnju drugačije nego kao nešto tegobno, i gorko, i neprirodno, i koje ga smanjuje u njegovim sopstvenim očima. Treba ponekad ukloniti samo jednu malu predrasudu ili pretpostavku, pa da istog časa padne zid koji je izgledao do neba visok između dva čoveka, čak i onda kada je povod za mržnju obojici izgledao prirodan i neizbežan. To je stoga što se ljudi najmanje sukobe zbog protivnih uverenja, a najviše zbog loših nerava. Setimo se i ovde mudrih starih Grka, koji su tvrdo verovali da se svemu nađe leka zato što je duša i odveć bliska telu. Oni su, na primer, verovali i da se muzikom leče i teške telesne bolesti. Tako je filozof Teofrast govorio da blaga muzika flaute učini da prestanu bolovi reumatizma, a Demokrit je govorio da se muzikom daje lečiti i od ujeda zmije.

U staroj Atini, gde pišem ove redove, nekoliko se vekova govorilo o dobroti i čovekoljublju koliko i o kosmosu, a više nego i o kosmosu. Dobar čovek je smatran mudracem, znači vrhuncem ljudskog savršenstva, pošto su sve druge odlike izlazile iz čovekove moralne harmonije. Tako je moralist Platon smatrao, kako priča Plutarh, plemenitog Aristida većim od Perikla, Temistokla ili Kimona. Zloća i zavist, međutim, bile su i u Atini u društvenim naravima, koliko su to bile i filozofija i uljudnost. Spletka i podvala su cvetale i na Agori, i na Akropolju, i u Areopagu. Zar nisu Demostena optuživali kako je plaćen pisao za neku parnicu i tužbu tužiocu i odbranu optuženom, i da je primao mito iz Persije, i da je davao pare na interes, i da je iz bitke kod Heroneje pobegao od Filipa protiv koga je izgovorio svoje slavne Filipike! Uzmite drugi još strašniji slučaj: Anaksagora, koji je posle fizičara Talesa i Demokrita i Heraklita prvi uneo u atinsku filozofiju pojam o duhu kao regularu stvari u materiji, i time dao sasvim nov pogled na kosmos i na život, bio je predmet najcrnjih kleveta svojih zemljaka. Ovaj filozof, koji je o Bogu najdublje mislio i najmudrije govorio, bio je osuđen na smrt. Znajući za ovakvu pokvarenost ljudske prirode, grčka filozofija u njeno najviše doba, bila je za veću polovinu baš pre svega nauka o moralu. Šta se sve u Rimu nije reklo za Julija Cezara! O Napoleonu se govorilo da je ljubavnik svoje rođene sestre. Istina, pravednik se ne mora braniti nego krivac, niti se mora dokazivati poštenje nego nepoštenje, ali ljudi često polaze od obratnog. Zato nema intrige koja se poseje, a koja ne iznikne i procveta.

    Meni se čini da se karakteri izrađuju više u društvu negoli u porodici i u školi. U jednoj jedinoj porodici se katkad nađe onoliko članova po karakteru različitih koliko ih ne biste našli ni u kakvom celom gradu. Vespazijanov sin Domicijan je bio krvolok, a kći Julija najveća bludnica u Rimu, ali je njegov drugi sin Tit bio jedan od najplemenitijih imperatora. I narod ne kaže: reci mi čiji si sin da ti kažem ko si; nego kaže: s kim si, onakav si. Zato nije nikad bilo opstanka ni za kakvu državu bez jednog prethodnog oplemenjenog društva, u kojem su pojedini karakteri i postupci mogli da se izrade i kristališu; a to je bez jedne aristokratije, bila ona krvna, s nasledstvom dobrih tradicija, ili duhovna, sa svojim naprednim idejama i dobrim svedočenjima. Samo u prostačkim masama se ne ceni tradicija pojedinih znamenitih porodica. Samo loši i nikogovići veruju da svet od njih počinje. Velike starogrčke familije smatrale su sebe potomcima Zevsa ili drugih olimpijskih bogova i polubogova, odnosno heroja. Tako se smatralo da su Perikle i Alkibijad, njegov rođak, i Platon, filozof, silazili u krajnjoj liniji od Zevsa. U Rimu, u doba Cezarevo, nekoliko porodica poznatih još iz doba kraljevskog bile su i dalje poštovane kao najuglednije rimske kuće, na primer Katoni i Bruti. Odista, za četiri pokolenja Katoni su davali samo velike vojskovođe i čuvene konzule. Najzad, i demokratija je delo gospode, a ne seljaštva: u staroj Periklovoj demokratskoj Atini je šef narodne stranke bio, i to za četrdeset punih godina, aristokrat Perikle, dok je, naprotiv, šef aristokratije bio pučanin Tukidid.

    Ima i evropskih društava koje su kroz dugi broj vekova zadržale uglavnom svoje prvobitne crte, bar osnovne, i naizgled nemenljive. Tako danas smatraju Italijane i Grke ispravnim u svemu drugom osim prve u politici, a druge u trgovini. Istina, oboje njih unose podjednako trgovinu u sve pojave svog života, zato što su ovo pre svega i dva prastara trgovačka naroda. Grci su bili najpre trgovci i kolonisti, i to sve od Crnog mora do Baltičkog, i od Jonije do Kartagine, pa su tek onda bili skulptori i filozofi atinski; a Rimljani su zauzimali azijske i afričke obale iz trgovačkih i ekonomskih razloga više nego iz vojničkih i civilizatorskih. Još i danas su Grci moreplovci, kao u doba Zlatnog runa, a ni Italijani nisu uzalud zemljaci Kolumbovi. Stoga u njih dvoje postoji podjednako osećanje da se na svetu sve kupuje i sve prodaje; zato oni i politiku koja je nauka o životu sporazumom i radom, unose čak i porodični svoj život i u svoje domaće prilike. Italijani su ipak u poređenju s Grcima čistiji u porodičnim naravima, i spolno zdraviji i neporočniji, dok je Grk izdašniji, i blagorodniji, i hrabriji. Grk je podneo uticaj čovekoljubivog pravoslavlja. Prvi je samo učtiv, drugi je i srdačan. I jedan i drugi su ipak nesumnjivo deca svojih predaka, pre svega po njihovim moralnim stranama naročito po verbalizmu i po spiritualnosti. Kako su njihovi preci trgovali i ratovali s nižim i nekulturnijim od sebe, a prema tome uvek samo eksploatisali druge i niže narode, i ovi to ne mogu ni danas da izbegnu.

    Evropljanin u kolonijama postaje bezobzirno egoist, čak i svirep, kakav nikad ne bi bio u svojoj rođenoj zemlji. Osećanje pored sebe čoveka nižeg nego što je on sâm, daje i fizički jačem i čoveku kulturnijem prohteve da ga najpre potčine i podjarme, kao što upregnu ili uzjašu potčinjenu životinju, konja, magarca, lamu, severnog jelena, noja, kamilu ili slona. Znači sve one što je u istoriji uspeo baciti pod jaram, zauzdati i zapregnuti. Moral u kolonijama je moral iz rata i s bojišta, gde se živi u nasilju; a ne moral iz mirnog grada, gde se živi po tradiciji društva. Primetio sam da Englez koji se vraća iz Indije, posle deset godina provedenih tamo, nije više pošten kao što je bio kad je otišao u Indiju. Čak i naš čovek koji se posle nekoliko godina vraća iz Francuske, Engleske, Italije, za polovinu je drugačiji nego što je bio ranije. Ako su dva rođena brata učila na strani, jedan u Francuskoj, a drugi u

Nemačkoj, ili jedan u Italiji, a drugi u Rusiji, jedva će i sami posle njihovog školovanja naći među sobom koju zajedničku crtu na kojoj bi bili saglasni, kao što su bili pre tog školovanja.

Ima naroda koje je istorijski život napravio u jednom naročitom obliku: neke apsolutnim i odsečnim, a druge gipkim i elastičnim. Ovi drugi, to su Italijani, koji se lako prilagođavaju svim praktičnim rešenjima, što čini i da oni izgube svaki rat, ali dobiju svaki mir. Ako su slabi na bojnom polju, oni su bezuslovno heroji na većini drugih polja utakmice i borbe. Sve u njihovom životu pokazuje ogromno nasleđe i visoku školu. Uostalom, već u trinaestom veku dati *Božanstvenu komediju*, to je bilo više nego i dati gotske katedrale i Veliku šartu. Duh prilagođavanja je jedna velika odlika i jedno jako ubojno sredstvo italijanskog čoveka. Otud je on bitno čovek oportunizma a ne principa. Ko god bude drugačije računao s Italijanom on će biti prevaren, i on će sâm sebe prevariti. Francuz je, naprotiv, više nego ijedan narod, duh apsolutni, jansenistički: belo ili crno, ali nikako i belo i crno! Rimska crkva je delo kombinacije jelinske radosti i latinske strogosti, a francuska galikanska crkva je skoro duhovno nešto drugo. Jansenist Paskal nije mogao da trpi nikakvu radost, i čak je nosio pojas s klincima koji su ga probadali po telu kad god je pokušao da se smeje. Jezuiti su bili ustali protiv ovog apsolutnog jansenističkog duha u francuskom katoličanstvu, kao protiv opasnosti za samu Crkvu. Kalvin je prototip ove rase francuske koja je sva u pravoj liniji apsolutne, direktne, precizne, krute. Bosije je takođe bio apsolutan. Zato se u Francuskoj uvek misli da ko nije uz Francusku, taj je protiv Francuske. U francuskoj umetnosti je, takođe, linija uvek precizna, nedvosmislena, nemaglovita. Pravo je čudo kako su u Francuskoj postojali inače najveći kontrasti koji su se uopšte igde videli: i Paskal i Luj XIV, i Volter i Trijanon, i muzika Ramoa i Lilia, i galanterija i revolucija, i najduhovitija kozerija i najherojskija vojska na svetu.

Puno su izvesne greške krutog i ortodoksnog francuskog karaktera krive što je Francuska nalazila teškoće da svoj uticaj nije proširila na svoje najbliže saplemenike Špance i Italijane, makar i izvanredno tegobne u saobraćaju s drugim svetom. Međutim, nikom koliko njima ne bi bilo bolje došao francuski liberalizam i francusko vaspitanje u čovekoljublju. Izolirana i mrzovoljna Španija, slavna zemlja konkvistadora, velikih artista, i velikih svetaca, više nego iko zbog toga zaostaje za svojim vremenom. A za samom Francuskom zaostaje upravo za onoliko vremena koliko je bio od nas dugačak put od petnaestog do dvadesetog veka ljudske misli i duše. Nije čudo da je Španija tek godine 1808. zvanično ukinula inkviziciju, dotle smatranu moralnim sredstvom španskog pravosuđa. Španac je očigledno lišen afektivnih osobina savremenog čoveka. On s puno muke zadržava surovost svog karaktera koji je izgrađen od arapskog temperamenta, isključivost duha jevrejskog i nepodnošljivost latinskog. Postoji u pobožnoj Španiji izvesni cinizam kakav se ne daje ni zamisliti na našem ozloglašenom Balkanu. Nema krvavijih stranica nego u španskoj istoriji kad je reč uopšte o odnosima između društva i čoveka. U nas su ludaci ubijali kraljeve, a kod njih su mudraci ubijali narode, i sveti Dominik u Pirinejima koliko i Fernando Kortez u Meksiku. Ima cinizma u Velaskezu i Goji, a naročito u Riberi. Murilo ga nema, jer je ovaj „slikar neba" podlegao u Veneciji uticaju čovekoljubivog helenizma. Da su Italijani i Španci prihvatili bili Francusku revoluciju, francuski bi liberalizam oplemenio i onu stranu španskog i italijanskog karaktera kojoj je srednji vek ostao još u ukusu i u naravima. Tako italijanska diplomatija i danas radi u duhu venecijanskom, više nego u duhu naprednog rizorđimenta: otrov umesto mača, špijun umesto vojnika, pop umesto žandara, podvala umesto zakona. Zbog ovoga je nepomirljivost između njih i nekoliko drugih evropskih naroda skoro nepremostiva. Španac opet pati od jedne duhovne bolesti koja je jaka kao lepra: od njegove oholosti. Zbog nje se prave građanski ratovi, pale crkve i knjižnice, i obaraju kraljevi. Nigde se kod Španca ne vidi dokle ide ponos, a gde počinje njegova obesna oholost. Knez de Benevente, bojeći se nekad da mu car Karlo

V ne naredi da ugosti u svojoj palati nekog kneza Burbonskog zapalio je svoju palatu pre nego bi izvršio tu naredbu.

Ima tegobnih razdoblja u istoriji kada na ceo svet padne neki oblak tuge i slutnje. Početkom devetnaestog veka ceo je svet bio pesimističan; i poezija, i muzika, i filozofija, sve su bile podjednako žalostive. Revolucija francuska, prva svoje vrste, i ratovi Napoleonovi, opet prvi svoje vrste od doba Julija Cezara, bili su odista potresli narode u samim temeljima. Makar nesreće i bile stare među ljudima koliko i same sreće, ipak se svetu često učini kao da neko zlo nikad nije ranije postojalo. „O, poštenje, ti si samo prazna reč", govorio je još Marko Brut, nabadajući se na mač što nije mogao spasti zakone Rimske republike. Mnogi su velikani, praveći i najveća dela, često i sami pomišljali da je sve propadljivo i tašto na ovom svetu. Pobožni pesnik Dante govorio je za svoj božanstveni epos ove reči: „Ova knjiga me je napravila mršavim za puno godina", čime je hteo reći da njegovi napori nisu doprineli nikakvom trajnom ostvarenju. Najveći ljudi su često bili i najveći očajnici. Slava nikad nije bila u stanju zameniti čovekovu sreću.

A ima perioda u kojima među ljudima pobesne instinkti rušilaca jači nego instinkti stvaralaca, da zatim nastupi haos i rasulo. Uzmite samo Peloponeski rat, kada su Atinjani sve porušili po Peloponezu, a njihovi protivnici iz Peloponeza sve obarali po Atici. Za nekoliko onih godina Periklova Grčka je videla svoju flotu zapaljenu, zidove svojih gradova porušene, sjajnu demokratiju oborenu, tuđu tiraniju uspostavljenu, hegemoniju nametnutu, što je ukupno značilo smrt grčke civilizacije i kraj starog grčkog sveta. I naša generacija prisustvuje takvom rasulu evropskom. Nema veličine bez ljubavi čoveka za čoveka. Nema ni dobrih ideja ako nisu najpre prošle kroz čovekovo srce. Uostalom, druge ideje ljudi nikad nisu ni razumeli. Svi su veliki mudraci bili ljudi dobre i pobožne duše. Sokrat je verovao u bogove svoje države, i kod svoje kuće žrtvovao domaćim božanstvima, a čak i na samrti pominjao božanstvenost Eskulapa, govoreći kako mu treba tog dana žrtvovati petla. Međutim, treba, odista, imati i odveć mnogo srca i samoodricanja pa hvaliti druge ljude za vrline i dela kakva mi sami nemamo. Ali je ponekad i još teže hvaliti ih za te blagovesti ako ih već i sami imamo. Urođena ljudska zavist ostaje nesavladiva. Najveći broj ljudi prećutkuju sva priznanja, verujući da priznavanjem drugome njegove zasluge ili veličine krnje puno od samih sebe. Ni crkve ni filozofije nisu bile u stanju da iskorene nego samo da ukrote glavne crte čovekovog urođenog lošeg instinkta.

Sva ljudska osećanja imaju svoje datume kada se koje pojavilo u istoriji: versko, patriotsko, nacionalno, umetničko, državno. Tako i u samoj umetnosti imaju ljudska osećanja svako svoju periodu izrasta i razvitka: simbolističko, naturalističko, romantičko, itd. Prema tome, izgledalo bi da smo mi današnje ljudstvo sa osećanjima toliko mnogobrojnim i komplikovanim, naraštaj koji pokazuje zbir dugog broja etapa duhovne i duševne evolucije evropskog sveta. Ko zna, međutim, da li je ta evolucija i blizu konačno završena. Van Evrope postoji ponegde još svet koji podseća na prve stranice povesti ljudskog duha. Trebalo bi te primitivne narode proučavati da vidimo otkud smo pošli. Tako i sad ima naroda koji ne znaju za smeh kao u Kordiljerima; i naroda koji ne znaju za čednost, kao u Polineziji. Istorijska geneza osećanja pokazivala bi put koji se prešao i kuda odvodi. Ni stari Grci nisu znali za nežnost, ni onda kada su znali za ljupkost; jer je nežnost proizvod hrišćanstva koje je inače povisilo celu skalu ljudskih osećanja.

Izgleda da je osećanje duševnosti jedna čista slovenska stvar, kao što je duhovnost stvar latinska. Ali novo, to je duševnost. Neosetljivost i zamrzlost grčke skulpture koja je oličenje oslobođenog duha, a ne zatočenje čovekove duše njegovim taštim srećama i nesrećama, dovodi slovenskog čoveka u zabunu. Slovenstvo izgleda i zato ovoliko istinski hrišćanskim što je sve u duševnom više nego u duhovnom, što je mlado, novorođeno, nekonvencionalno. Uostalom, Sloveni jedini nisu imali svoj stari vek. Za nas je Bogorodica obožavana kao Majka, a ne kao lepa Venera koja u naručju drži jednog malog Amora. I Hristos je za nas lep kao mučenik i heroj, a ne kao efeb iz litije za Elizej. U skali osećanja kako su kad nastupila kroz svoja razdoblja u istoriji predstavljaće možda slovensko osećanje, kad se očisti od strane zaraze, jednu od najlepših etapa u istorijskom razvitku ljudskog srca.

    Jedna porazna stvar za čovekov karakter, to je dosada. Dosada zbog starog i svakidašnjeg, možda dublja nego i čežnja za novim i boljim. Uvek sam išao na putovanje većma stoga da ostavim dotadašnju sredinu nego i da bih video i da bih poznao neku novu. Dosada, to znači biti samom sebi nedovoljan; to je i osećanje odvojenosti od svakoga i svačega, koje postane isključenjem iz života. S porastom dosade, čovek se najzad oseti i da je ceo život stao protiv njega. Stoga ovo osećanje postane neprijateljem čovekovog mira i akcije. Nema leka protiv dosade ako se ona jednom nastani u čoveku kao kod svoje kuće. Ona izopači čovekov duh ubijajući njegovu veselost i ljubav za život. Najdublje su dosade baš kod onih ljudi koji imaju načina da dosadu izbegnu uživanjem i bleskom, zabavljanjem i veseljem. Dosada ne dolazi od presićenosti i monotonije, nego je dosada jedna obolelost duše. Često se spominje „dosada kraljeva" za koju se veruje da od nje nije ništa bilo ni dublje ni mračnije. Pesnik koji je imao česte i duboke dosade, to je bio Petrarka. On je putovao daleko od svoje kuće da bi zaboravio Lauru, zbog koje je patio od tuge ali i u teškim dosadama. One su ga tištale naročito u gradu Avinjonu, „najdosadnijem mestu na svetu". Dosada ne samo što ubija čovekovu volju, nego mu izobliči i karakter i izmeni navike.

    Stoga ima ljudi koji, kad ne mogu menjati zemlju i gradove, oni menjaju društvo u svom gradu, stan u svojoj ulici, sprat u svojoj kući, uverenja, žene. Ima ljudi i koji su po prirodi nomadi, i koji se teško mogu negde i u nečemu dugo da skrase. Oni su naročito žrtve dosade koja ide u očajanje. Međutim, znam i prosvećenih ljudi koji celog života nisu izašli iz svoje provincije da ne bi menjali svoju sobu ili prekonoć svoju postelju, ni živeli u kući čiji su prozori okrenuti drugačije nego na njegovom uobičajenom stanu. Jedan od ovih nepokretnih ljudi bio je filozof Kant, koji kanda nikad nije izašao iz svog Kenigsberga. Ni Rembrant ni njegov učitelj, slikar Sihers, nisu nikad izašli iz ravne Holandije, ni videli planine, a ipak su i on i njegov učenik slikali pejzaže s bregovima. Za filozofa Diogena ima poznata legenda da je živeo u jednom buretu. Sokrat je tražio ljude, a Numa, tri veka kasnije, bežao je od ljudi.

Da li je dosada urođena čoveku ili je proizvod kulture? Svakako, turizam, putovanje iz dosade, navika je samo našeg stoleća. Prvi putnici su bili trgovci. Iz grčkih gradova na Crnom moru išli su na baltičke obale prvi daleki putnici da kupuju ćilibar. Ali i grčki filozofi su putovali na Istok da uče istočnjačku mudrost, kao Ksenofont, a možda i Pitagora, a docnije sa Aleksandrom, putovali su po Aziji filozofi Tiron i Ksenokrat. U Egipat su putovali Solon i Herodot i Platon i Dionisije iz Halikarnasa. Ovo su ipak bila putovanja za studiju a ne putovanja iz dosade, za zabavu i razbibrigu. U srednjem veku se putovalo zbog ratovanja i grabeži, osim gomile misionara koji su išli da šire božje slovo. Znadem i za idilično doba u našoj dojučerašnjoj Srbiji kad ni leti niko nije putovao, osim bolesnici po banjama. U Evropi su donedavno postojale samo dve zemlje u koje su zapadnjaci išli na putovanje. U Švajcarsku leti da se rashlade, i u Italiju zimi, da se zagreju. Ali i ova su putovanja bila zbog zdravlja, a ne kao danas zbog čamotinje. Po broju lokala za zabavu i po broju sportova vidi se da nijedno doba nije znalo za crnju dosadu koliko danas.

Primitivni čovek nije znao za dosadu, jer je bio lutalica, idući iz šume u šumu za hranom. Nikad nije osvanuo onde gde je dan ranije bio zamrkao. Putovanje je i u prirodi: i sve nepripitomljene životinje putuju, da i ne govorimo o pticama selicama koje prelecu čitava mora i o jeguljama koje iz primorskih reka idu čak u okean za plođenje. Pokret je uopšte potreba sveta što živi, zbog čega da nije straha od neizvesnog, čovek bi uznemireno možda i danas lutao svetom kao i prvi ljudi. Čama i dosada, dakle, izgledaju da su u prirodi čovekovoj. Čovek je samo životnom potrebom i istorijskom navikom postao negde ustaljen.

Prvi ljudi, prestajući biti lovcima, vezali su se po nuždi za zemlju i domaće životinje, i zakovali za kuću. Danas je većina ljudi prirasla za svoje tlo, ali ipak menjajući bar sitne stvari i događaje, uvek u strahu da ne bi umrli od dosade. Nalazim na jednom mestu u Stendalovoj knjizi ove reči: „O, ti ljudi iz provincije, šta sve čamotinja ne uradi od njih". Ja verujem, naprotiv, da su dosade u provinciji manje i ređe nego u velikim gradovima. Nigde čovek nije toliko izgubljen koliko u ogromnoj gomili sveta.

O ULJUDNOSTI

Kad ne bi postojala vrlo laička reč poštenje, koja sadrži u sebi sve čovekove vrline, onda bi trebalo na prvom mestu staviti učtivost. Ona olakšava život i sebi i drugom, omogućuje dodir i kretanje u društvu. Otklanja čoveku sve velike i male nesuglasice, čak i prirodne repulsije koje postoje u razlici karaktera među ljudima, i u urođenoj antipatiji epiderma među rasama, kulture među klasama, i temperamenta među plemenima. Učtiv čovek nosi olakšanje i radost. A čovek i najbolji, ako je lišen učtivosti, nosi tegobu koliko i grubost i zloću. Najgori su oni ljudi koji veruju da sva svoja osećanja treba otvoreno pokazivati svakome. Ja bih rekao da je ovakva otvorenost, naprotiv, i nečovečna. Treba drugima jedino pokazivati otvoreno naša dobra osećanja, a opaka osećanja, ako već nije neko u stanju da uopšte izbegne, treba ih bar prikriti. Pakost je dvostruko zla kad se još i otvoreno istakne.

Samo učtiv čovek može biti gospodinom. Iza nečije najveće spoljne uglađenosti, može da se uoči glupost i nevaljalost, ako se one vešto ne zaklone za učtivost. Na svetu ima mnogo više i umnih i dobrih nego učtivih i uljudnih. Učtivost je jedan dar božji koji se teško postiže; a učtivost ne znači snishodljivost i servilnost koju svuda lako sretnemo, nego, naprotiv, učtivost je jedan ponos koji dolazi iz čovekoljublja, iz kulture, iz namere za dobrim. Ona spada među ljudske obaveze i dužnosti, kakve se ubrajaju među svete. Hajne je govorio, misleći na tragičnu smrt Luja XVI, kako će Nemci iz Potsdama, ako takođe jednog dana povedu svog kralja na giljotinu, utrošiti hiljade ljupkih reči poklonjenja i puno ceremonijala da ga popnu na kola koja će ga odvesti na gubilište. Toliko će držati više do osećanja forme nego i do osećanja pravde.

Za prostaka je učtivost jedini način da izgleda pomalo gospodinom. Koliko je za otmenog čoveka učtivost jedan prirodni način izražavanja, kao i njegov govor, toliko je za čoveka po prirodi neotmenog, učtivost jedan dobar račun, pošto se učtivošću postižu veze, karijere, imanja i brakovi. Mora neko po srcu biti neizmerno dobar da bi mu se izvinila urođena opaka ćud i grub način; a treba neko da bude samo učtiv, pa da već time bude za polovinu gospodinom.

Ono što najvećma onemogućuje uljudnost, to je duh ironije koji je usađen u prirodu nekih ljudi, čak i nekih rasa. Ironija je u staro doba smatrana božanskog porekla kad je pogađala loše ljude i ružne ideje, ali ironija koja seče samovoljno i bez višeg povoda, jeste odista porekla đavoljeg; jer sarkazam nije u svojoj osnovi drugo nego porok i prostaštvo. Pesnik Arhilok je čoveka, koji mu nije dao svoju kćerku za ženu, epigramima naterao da se obesi. Aristofan je u svojim komedijama napadao Sokrata i doprineo da ga odvedu na gubilište. Volter je u svojim delima napadao hrišćanstvo i puno doprineo da je Francuska revolucija bila uzela i ateistički izgled. Stari Grci i današnji Francuzi poznati su po prirodi kao ironični i svađalice. Na staroj atinskoj Agori živelo se od zatrovanih reči; a iz ljubavi za duhovitu zajedljivost u Francuskoj su padali i ljudi i ustanove. Za vreme dobrog Luja Filipa karikature su tamo obarale ministarstva. Najveći skulptor svih vekova, Fidija, zavio se bio ležeći na podu u svoju tugu da umre od gladi, nateran zajedljivošću atinskih intriganata, koji su ga napadali da je pokrao jedan deo zlata namenjenog za dekoraciju njegove boginje Atene u Partenonu. Jedan francuski istoričar osamnaestog veka slao je nekom markizu svako jutro po jedan opak epigram da ga pročita već pri doručku, dok nesrećni markiz nije trideseti dan umro otrovan tim rečima.

Marcijal je bio drugačiji ironičar nego Juvenal, jer je Marcijalova ironija bila nižeg porekla, a njegova duhovitost zlonamerna. Međutim Juvenal, koji je svoje satire napisao u dubokoj starosti, kad sve strasti postanu blagim, bio je i moralist koliko i tihi Epiktet ili vedri Seneka. Marcijalovi epigrami su bili dosetke o ljudima, a Juvenalove satire su bile studije o naravima, i to naravima pokvarenog društva njegovog doba. Ukus za sarkazam je imao svoje slavno doba u Francuskoj. *Quodlibet* je cvetao u nekoliko zatrovanih perioda francuskog društva. Iz ljubavi za duhovitu rečitost i veštu dosetku, mnogo je sveta iz jakobinskog društva otišlo na giljotinu. Ima reči koje su i najveće i najbolje ljude napravile smešnim i nemogućnim, i najzad ih upropastile. Ljudi kao Napoleon i Viktor Igo imali su i ceo svet zavidljivaca koji su ih obasipali takvim zlim rečima, pakosnim doskočicama i zatrovanim sarkazmima, zbog čega ovi velikani nikad nisu uspeli da budu dovoljno obožavani u svom stoleću.

Stari Grci su, međutim, obožavali svog pesnika Pindara, koji je kao kakvo božanstvo sedeo na jednom prestolu u samom Delfijskom hramu, a Gete je bio u Nemačkoj obožavan i kad se divio Napoleonu, neprijatelju i pobediocu njegovog naroda. I Hajne, koji je bio, kao i svi Jevreji, otrovan sarkazmom, piše da je prilikom prve posete Geteu imao osećanje da stoji pred Zevsom, i da mu stoga treba govoriti grčki.

Naročito su genijalni ljudi morali podnositi neučtivost svojih savremenika. U Rimu su na Forumu lepili na spomenik Julija Cezara pogrdne natpise kako je taj diktator pobedio ceo svet, ali da je njega pobedio Nikodem, kralj Vitinije, njegov ljubavnik. Ni docnije u Rimu nisu epigrami bili drugo nego poslastica velikog društva. Ni sâm Vatikan se nije ponekad mogao odbraniti od njih ni unutra ni spolja. Poznata je latinska izreka da je čovek za čoveka vuk, ali da je pop za popa arhi-vuk (*lupissimus*).

Kada bi još epigrami bili napereni samo protiv opakih ljudi, oni bi učinili dobro svetu, kao što je bio slučaj sa satirama Juvenalovim koje je pisao u starosti, ali je epigram, naprotiv, i skoro po pravilu izražavao obest malih duhova protiv velikih ljudi i velikih stvari. Ezop je zato platio glavom, a senjer Rohan je u svom dvorištu dao slugama da dobro iščibukaju tur Volterov. U Srbiji je plemeniti stari kralj Petar bio za vreme svoga kraljevanja predmet sarkazma jedne novinarske cincarske mafije, koja ga zamalo nije dovela do propasti.

Ironija, kao najpotpuniji način neučtivosti, svojstvena je velikom društvu u mržnji protiv malog društva. Ali i obratno. Jer ako gospoda nalaze kod sirotinje puno ružnih navika i neuljudenih načina, i ovi mrze kod gospode njihovu prefinjenu pokvarenost i njihovu stilizovanu pakost. Ezop je bio rob, kao i Epiktet, i oba su bili ogorčeni i žučni. To nije prvi ni poslednji primer zlurade osionosti poniženih i uvređenih. Za četiri godine mog poslednjeg boravka u Rimu, berberin mi je svako jutro donosio u Palaco Borgeze po jednu novu anegdotu o Musoliniju koja je uvek bila puno zatrovana iako vanredno živopisna, a za koje se kaže da ih je sâm italijanski diktator dao sabirati po gradu za svoje lično zadovoljstvo starog atlete i kavgadžije. Uostalom, između današnjeg sarkazma rimskog i pariskog ima jedna velika razlika po formi. Pariski sarkazmi su u brzim replikama, a rimski u kratkim ali sočnim anegdotama. I Beograd je na drugoj strani Evrope jedini grad u kojem ima ironije i sarkazma. Njegovi humoristični listovi nikad nisu smatrani odista humorističnim, ako nisu najpre bili sarkastični do cinizma. Beograd ima vanredno razvijeno osećanje smešnoga. U tom gradu su uvek mogli da se osile i najgori i najplići među vlastodršcima, ali nikad ljudi koji su bili smešni. U tom pogledu je Beograd ponekad bio mali Pariz na Istoku.

Lepa je dubrovačka reč „skladnost", koja treba da znači učtivost. A skladnost bi prirodno značila i harmoniju. Odista, polazeći od ovakvog tumačenja, učtivost bi bila neosporno jedan izraz harmonije u čovekovoj prirodi. Čovek neharmoničan, ili neskladan, ne može biti ni učtiv, pošto učtivost znači ceo jedan zbir dobrih načina koji se međusobno upotpunjuju, i koji najzad uspeju da odista nekog uobliče i usavrše do potpunog društvenog čoveka. Društven čovek, to ne znači ni učen ni duhovit čovek, nego najpre uglađen i uljuđen, bez grubosti i bez odalečenja od jedne opšte usvojene forme. Onaj koji bude do kraja razumeo lepotu finih načina lako uobliči i svoja osećanja, i usavrši svoje moralne osobine. Forma je uvek poslednji izraz sadržine. Ali i sadržina dobija svoju potpunost tek kada dođe do svih blagodeti lepe forme. Jedan pravi estet nije u stanju da bude opak i zao, jer je pakost sićušna, a zlo ružno. Dodajmo tome i da se učtivošću zadobijaju uspesi i položaji, a neučtivošću gube reputacije i karijere, zbog čega se ka vrlini ide polazeći sa spoljne forme, ponekad koliko i sa unutrašnje sadržine.

Mislim da je učtivost, kao i sve drugo, došla sa Istoka. Zna se za Persijance da su na dvoru svoga kralja morali najpre napraviti trideset poklonjenja pre nego što priđu vladaru, i da je ceremonijal bio preteran po izrazima učtivosti, koliko i po izrazima odanosti. Sokratov učenik filozof Ksenofont, koji je među Persijancima dugo živeo, govori u svom delu o Persiji sa puno poštovanja i priznanja za takve njihove otmene načine. Možda je ta uljudnost i u Persiji poreklom iz Kine, najprefinjenije zemlje u svim rodovima umetnosti. Mislim da su Vizantinci primili svoje osećanje forme ili uljuđenosti od persijskog društva, a zatim ga preneli u sve zemlje oko sebe. Poznato je gnušanje koje su u Carigradu izazivali krstonošci svojom neučtivošću i drugim načinima kojim su tamo postupali, provalivši u prefinjeni Carigrad, kao docnije u Italiji sjajnih Medičija što su izazvali indignaciju grubi vojnici Luja XII. Vizantijski pisci, osim Pahimera koji je putovao samo kroz naš svet oko Soluna i Ohrida, koji je već bio onda većinom cincarski, znači oduvek otrovan, svi drugi bez izuzetka Vizantinci govore o hrabrom srpskom svetu s pristojnom pažnjom. Međutim, o Bugarima, i iz njihovog najvećeg doba, govore sa užasom kao o varvarima iz stepe. Nešto nalik na način kao Volter što u svom *Kandidu* opisuje Nemce, kao grublje i divlje, nazivajući ih Bugarima. Italijani, koji nikad nisu praštali Hrvatima njihova junaštva u Lombardiji protiv rizorđimenta, pokušavali su da ih predstave najgrubljim ljudima, govoreći da su dolazeći tamo kao austrijski vojnici, pojeli sve sveće u crkvi svetog Marka u Veneciji. Vizantijski logotet Teodor Metohit, koji je dolazio u našu Prištinu iz Carigrada da pregovara s kraljem Milutinom o braku kraljevom s malom Simonidom, kćerkom Andronika Komnena, piše svom caru kako je srpski kralj čovek blag i pobožan, i prema njemu naročito pažljiv, ali dodaje da su zato Srbi veliki intriganti. Moramo se čuditi sami sebi kad je čak jedan Vizantinac četrnaestog veka bio zgranut našom ljubavlju za intrigom.

Verujem da su od svih ljudi u našoj zemlji, Hercegovci po prirodi najučtiviji, i najmanje skloni spletkama. Njihova uboga pokrajina napravila ih je skromnim, pobožnim, umerenim. Tu je, kako se uopšte misli, najbolje postignuta ravnoteža između čovekovih vrlina i mana. Ja mislim i da je upravo u toj zemlji ponikla naša reč „uljudnost", koja bi značila najviši stepen obavezne učtivosti, najviši oblik otmenog izraza, krajnji domašaj blagorodstva i dobrote. Srbin iz te zemlje nije ni po svojoj prirodi samo učtiv nego i topao i srdačan, ljubak i dobrostiv. Skladnost i harmonija tog karaktera čine da je on i oprezan i pažljiv, istovremeno kad i ponosan i rešljiv. U herojskoj Crnoj Gori kod širokih masa ima ova ista crta, makar što je nekadašnja krvna osveta i politika dvora unosila izvesnu zbrku u njihove rasne prirodne sklonosti i viteška nadahnuća. Crnogorski seljak je kao i hercegovački, po prirodi gospodstven i junački, koliko to odista nije nijedan drugi evropski seljak, ogorčen feudalizmom protiv svakoga koji je viši od njega.

Lepa je jedna replika gospođe De Fleri caru Napoleonu, kad je neoprezno zapitao da li i dalje puno voli muškarce. „Volim ih kad su učtivi", odgovorila je gospođa caru na ovo neučtivo pitanje. Žene su uopšte vrlo osetljive na pitanja učtivosti. A one najviše i neguju učtivost. Najzad, one se njom najviše i brane. Čovek je učtivost naučio od žene. Ako su muškarci uspeli da najzad izgube grube navike soldatske i strasti prostačke, to je blagodareći ženi; jer i danas ljudi na okupu, gde ima prisutna makar samo jedna jedina žena, učtivije govore nego što bi govorili i u prisustvu jednog kneza. Ljudi iz renesanse bili su strahovito grubi. Kad je Mikelanđelo jednom sreo Rafaela kako silazi niz stepenice Vatikana rekao mu je: „Ti ideš uvek kao knez sa Istoka kojeg prati svita poklonika". A blagi Rafaelo mu je odgovorio: „A ti uvek ideš sâm, kao dželat". Poznato je da su žene volele Nerona, iako najveću moralnu nakazu u istoriji. Njegova prva žena Pompeja, učena i otmena, obožavala ga je, a druga žena Akteja, nevina i pobožna nije ga nikad prevarila i plakala je nad njegovim lešom kad je ceo svet bio od njega pobegao. A volele su ga i obožavale ove žene stoga što je Neron, kako svi savremenici priznaju, iako krvolok, bio daleko od toga da bude i prostak. Žene su uvek opraštale ljudima sve drugo osim prostaštvo.

Čovek zato najbolje zadobija ženu učtivim načinima i finim rečima. Samo bolesne žene vole kod ljudi grubost, smatrajući je naročitom fizičkom snagom. Najotmenije su žene padale samo za fine obzire i delikatne pažnje čovekove. A najveći ljudi su gubili svoje žene, ako su dozvolili da ih i najneznatniji prevaziđu u učtivom ophođenju. Žena je po prirodi artist svoje vrste, voleći boje i muziku, cveće i svilu, lepe predmete i sjajne ceremonije. One se podaju više zbog razloga estetskih i formalnih, nego iz razloga telesnih i duševnih. Kao neukrotiv formalist, žena nikad ne prašta jačem od sebe njegovu naklonost ka grubosti i bezobzirnom tonu. Ružnu reč pamti duže nego što bi pamtila i fizički udarac. U braku je stoga prvi uslov sreće, krajnja učtivost među dvojima. Oni koji su svoj brak upropastili, reći će vam koliko je kakva neučtivost bila većma povod njihove nesreće, nego ma šta drugo. Ako lepa reč otvara železna vrata, ružna reč odista zatvara sva ostala vrata u životu; i to nepopravljivo. U srednjem veku su riteri ginuli braneći sirotinju i crkvu, a u našem dobu se padalo na dvobojima najviše zbog ružne reči. Kraljevi su gubili svoje prestole vređajući pojedine ljude oko sebe, više nego vređajući državne zakone. Jedan naš pisac piše ovih dana, sasvim uzgredno, kako veruje da je Obilić udario cara Murata nožem zato što mu je sultan pružio nogu da je poljubi, a ne ruku da je stisne, što je više duhovito nego tačno.

Ljudi koji puno govore o ljudima loše, ostare od svoje zloće; a ljudi koji radije govore o idejama i o stvarima, ostanu večito mladi: jer čovek, kuvajući otrov, uvek otruje najpre sebe samog. Stoga su pesnici uvek mladi. Jedino sveta vatra održava duh i telo u lepoti i besmrtnosti, kakvu su imali lepi grčki bogovi. A sveta vatra, to drugim rečima znači ljubav, sveobimna i neugasiva ljubav za sve vrste lepote i veličine.

Glupak, eto vam gotovog neprijatelja. Od glupog prijatelja nikakve koristi, nego samo štete i napasti: jer ne samo da nas ne razume nego nas uvek zlo razume. A praveći greške, uvek je po prirodi sklon da optužuje drugog a ne sebe.

BELEŠKA O PISCU I DELU

Jovan Dučić, jedan od najznačajnijih pesnika srpskog modernizma, rođen je u Trebinju. Tačan datum njegovog rođenja još uvek je predmet rasprave. Pretpostavlja se da je rođen 15. februara 1874. godine.

Osnovnu školu pohađa u mestu rođenja, a kada se porodica preselila u Mostar, upisuje trgovačku školu. Željan daljeg školovanja, upućuje se u učiteljsku školu u Sarajevu gde završava prvu godinu. Školovanje nastavlja u učiteljskoj školi u Somboru gde je i maturirao 1893. godine.

Iste godine dobija posao učitelja u Bijeljini odakle ubrzo biva proteran od strane austrougarske vlasti zbog patriotskih pesama *Otadžbina* i *Oj, Bosno*. U Mostar se vraća 1895. godine, gde do 1899. radi kao učitelj. Tu, zajedno sa Aleksom Šantićem i Svetozarom Ćorovićem, 1896. godine osniva književni časopis „Zora".

Nakon što je 1899. proteran i sa učiteljskog mesta u Mostaru, upisuje studije prava na Filozofsko-sociološkom fakultetu u Ženevi. U obližnjem Parizu susreće se sa modernom francuskom poezijom parnasovaca i simbolista koji postaju njegovi pesnički uzori.

Posle završenih studija u Ženevi, 1907. vraća se u Srbiju gde biva izabran za pisara u Ministarstvu inostranih dela, a tada počinje i njegova uspešna diplomatska karijera. Godine 1910. postavljen je za atašea u poslanstvu u Carigradu, a zatim i u Sofiji. U periodu od 1912. do 1927. godine bio je ataše, sekretar, a nakon toga i otpravnik poslova u ambasadama u Rimu, Atini, Madridu i Kairu, te delegat u Društvu naroda u Ženevi.

Privremeno je penzionisan 1927. godine, ali nakon dve godine biva vraćen na mesto otpravnika poslova u ambasadi u Egiptu. Redovni član Srpske kraljevske akademije postaje 1931. Godinu dana kasnije postavljen je za izaslanika u Budimpešti. Od 1933. do 1941. bio je izaslanik u Rimu, a zatim i prvi jugoslovenski diplomata u rangu ambasadora u Bukureštu. Iz Bukurešta je zatim prebačen u Madrid gde je bio opunomoćeni poslanik sve do raspada Kraljevine Jugoslavije. Nakon što je Španija priznala tzv. Nezavisnu Državu Hrvatsku, Kraljevina Jugoslavija prekinula je diplomatske odnose sa tom zemljom, pa se u junu 1941. Dučić seli u Lisabon odakle je nakon dva meseca otputovao u Sjedinjene Američke Države, u grad Geri.

Preminuo je 7. aprila 1943. od posledica španske groznice i upale pluća. Dučićevi posmrtni ostaci pohranjeni su u portu srpskog manastira Svetog Save u Libertivilu, da bi konačno, prema njegovoj poslednjoj želji, bili preneti u Trebinje 22. oktobra 2000. godine i uz najviše počasti položeni u kriptu crkve Hercegovačka Gračanica na brdu Crkvina iznad Trebinja.

Meditativno-filozofska proza sabrana u knjizi *Jutra sa Leutara: Misli o čoveku* logičan je nastavak prethodne zbirke filozofsko-književnih eseja *Blago cara Radovana: Knjiga o sudbini*. Sakupljene na jednom mestu, u njoj se nalaze Dučićeve mudre misli o različitim životnim pojavama, ali i apstraktnim pojmovima — mirnoći, mržnji, plesu, ljubomori, sujeti, strahu, razočaranju, rodoljublju, karakteru i uljudnosti. Pomoću grčke i rimske mitologije, istorijskih događaja, biografija znamenitih ličnosti i velikog broja narodnih umotvorina, pisac čitaocu utire put ka istini za koju smatra da vodi do slobode, koja je, po njegovom mišljenju, zapravo trijumf čoveka nad sopstvenim slabostima.

Jovan Dučić
JUTRA SA LEUTARA

London, 2024

Izdavač
Globland Books
27 Old Gloucester Street
London, WC1N 3AX
United Kingdom
www.globlandbooks.com
info@globlandbooks.com

Naslovna fotografija
Aaron Burden
(https://unsplash.com/photos/
selective-focus-of-green-gras-3TmLV0fLzfU)

www.ingramcontent.com/pod-product-compliance
Lightning Source LLC
Chambersburg PA
CBHW071125130526
44590CB00056B/2436